아하! 서양사 1

아하! 서양사 1

인류의 출현부터 중세 유럽의 탄생까지

박경옥 지음

Humanist

아하! 역사의 참맛을 느끼는
지적 체험의 여행

역사란 뭘까? 왜 역사를 읽어야 할까? 처음 역사책을 펼쳐 드는 사람들은 역사는 옛날이야기처럼 재미있을 거라는 기대를 하곤 하지. 하지만 이런 기대는 역사책 몇 쪽을 넘기지 않아 곧 실망으로 바뀌곤 해. 이런 사람들이 흔히 하는 말은 역사는 너무나 외울 것이 많아 어렵다는 거야.

그런데 무슨 뜻인지도 모른 채 연대와 사건, 사람 이름을 외우려고 하면 역사책에서 들려주는 이야기에 귀 기울일 수가 없게 된단다. 그건 마치 성긴 그물로 역사책 속에서 연대와 사건만 건져 올리고 나머지 이야기는 다 빠져나가도록 놓아두는 것과 같아. 그 빠져나간 이야기가 우리가 역사에서 재미를 느끼고 공부해야 하는 부분이거든.

역사는 '과거에 살았던 사람들에 대한 이야기'야. 그러니까 역사를 읽는다는 것은 과거에 살았던 사람들의 삶에 '관심'을 가지고, 그 사람들은 어떤 조건에서 살았나, 어떻게 먹고 살았고, 어떤 집에서 어떤 옷을 입고 살았을까, 누가 지배하고, 어떤 사람들이 지배를 받았나, 이런 사회에서 사는 사람들은 어떻게 느끼고 생각했을까 등등의 궁금증을 가지고 역사 속으로 들어가 보는 것이라고 할 수 있지.

우리는 왜 옛날 사람들의 삶에 관심을 가져야 할까? 역사를 알고 나면 오늘날 우리가 사는 세상을 잘 이해할 수 있기 때문이란다. 예를 들어, 어떤 사람이 이상한 행동을 했다고 하자. 이때 그 사람이 어떤 환경에서 태어나고 자랐는지, 전에 어떤 일을 했는지, 어떤 사람들과 사귀었는지 등등을 알면 그 사람의 행동을 잘 이해할 수 있듯이, 역사를 알면 현재 일어나는 일들에 대해 더 잘 이해할 수 있고 그 의미를 바르게 알 수 있어. 역사 여행을 통해 과거를 돌아보면, 사람들이 사는 세상은 늘 변해 왔고, 조상들의 지혜와 유산이 오늘날의 세상을 만들어 왔다는 사실을 깨닫게 되지.

그렇다면 서양 역사도 우리를 잘 알기 위한 것일까? 지금까지는 역사가들조차도 흔히 서양 역사는 '남의 역사'라고 생각해 왔어. 삼국의 통일 과정이나 조선의 사대부 정치는 우리 역사지만, 그리스의 민주 정치나 영국의 산업 혁명은 먼 옛날 서양에서 일어난 남의 일이라고 여겼어. 그나마 우리가 서양에 대해 알아야 하는 이유는, 근대에 들어오면서 서양이 우리에게 다가왔고, 현재는 우리가 경쟁해야 하는 중요한 상대이기 때문이라는 거지. 그런데 이렇게 생각하면 서양 역사는 우리의 상대를 이해하기 위한 남의 역사가 되는 거야.

하지만 이런 상상을 한 번 해 보면 어떨까? 만일 우리가 지금 모습 그대로 뉴욕이나 파리 한가운데 서 있다고 생각해 봐. 그리고 다음에는 타임머신을 타고 100년 전 한국의 어느 마을로 돌아갔다고 상상하고. 두 상황을 한 번 비교해 보자. 물론 뉴욕이나 파리가 말이 통하지 않고 낯선 곳이긴 해도 우리의 차림새는 그곳 사람들과 별로 다르지 않고, 그곳 사람들도 우리를 이상하게 여기지 않을 거야. 거리에는 우리에게도 익숙한 맥도널드, 피자헛 같은 간판도 보이고, 슈퍼마켓도 우리 것과 다르지 않아 곧 익숙해질 거야.

하지만 100년 전 우리나라로 돌아가면 상황은 다를 거야. 우리의 옷차림은 우리 조상들과 너무나도 다르고, 거리의 모습 또한 지금과 달라서 무얼 어떻게 해야 할지 모를 거야. 게다가 같은 우리말을 쓴다 해도 생각과 문화가 너무 달라서 그곳에 살고 있는 조상들과는 통하지 않는 것이 더 많을 거야.

이처럼 지금 우리의 삶은 100년 전 우리 조상들의 삶보다는 현재 서양의 삶과 더 닮아 있어. 지난 100년간 우리의 역사는 어떤 방식으로든 서양 문화와 접촉하고 그것을 받아들여 우리 사회를 바꿔 나갔던 시기야. 서양의 법, 정치 제도, 경제 제도, 교육, 기술 등을 받아들이면서 우리의 사고방식과 문화, 의식주까지도 서양과 비슷해졌어. 물론 그렇다고 우리나라가 서양과 똑같아졌다는 것은 아니야. 우리의 역사와 전통 위에 서양 문화가 합쳐지면서 변화를 가져온 것이지만, 이미 우리 문화에서 우리 것과 서양 것을 구별해 내는 일이 어려워졌어. 밖에서 밀려온 서양의 힘으로 변화가 시작된 것은 사실이지만, 서양 문화를 받아들이며 우리는 변했고, 이제 서양의 문화는 우리의 일부가 되었어.

그러니까 현재 우리가 살고 있는 사회, 우리의 사고방식 속에는 먼 옛날 서양 사회가 물려준 전통과 유산도 들어와 있는 거지. 그렇기 때문에 서양 역사를 공부하는 것은 서양이라는 남을 이해하기 위한 것이기보다 우리 자신을 이해하기 위한 것이야. 이미 우리 안에 들어와 우리 것이 된 서양의 제도와 문화의 기원을 알아보고, 그것이 우리 것이 되어 간 과정을 이해하는 일이라고 할 수 있지.

그럼, 이제 서양 역사가 우리에게 물려준 유산을 살펴보러 떠날 준비가 되었니? 이 책은 서양 역사를 처음 공부하는 사람들에게 안내자가 되어 줄 거야. 우리가 '유럽'이라고 부르는 사회를 탄생시킨 역사를 인류의 탄생부터 현대 사회까지 보여 줄 거란다. 1권에서는 유럽 문화의 뿌리가 된 고대 지중해 세계와 본격적으로 유럽이 형성되는 중세의 모습을 살려 내려 했고, 2권에서는 현재와는 전혀 다른 중세 사회가 오늘날의 현대 사회로 변화해 오는 과정을 큰 흐름으로 정리해서 설명했어. 작은 사건까지 자세히 설명하는 대신 각 시대의 성격을 분명히 하고, 오늘날의 사회를 형성하는 데 중요한 역할을 한 사건들을 중심으로 설명했어. 처음 역사 여행을 하는 사람들이라도 좁은 골목을 헤매다 길을 잃지 않도록 큰 건물을 중심으로 이정표를 만들어 준 것이라고 할 수 있어.

그래서 이 책을 읽고 나면 서양 문명과 역사의 흐름을 한눈에 꿰뚫어 볼 수 있을 거야. 그러고 나면 다른 역사책들을 볼 수 있는 눈도 트이겠지. 인류가 걸어온 큰길과 지표들을 익히고 나면, 이제 그 큰길 너머에 얼마나 많은 작은 길들이 있는지, 그 골목골목에 얼마나 많은 이야기와 볼거리가 숨어 있는지 찾기 위해 다시 길을 떠나야 하겠지. 이렇게 역사 공부를 하다 보면 인류가 어떤 길을 거쳐 여기까지 왔는지, 그리고 지금 우리는 어느 길모퉁이에 서 있는지 발견하게 될 거야.

자, 그럼 함께 떠나 볼까?

2013년 1월

박경옥

차례

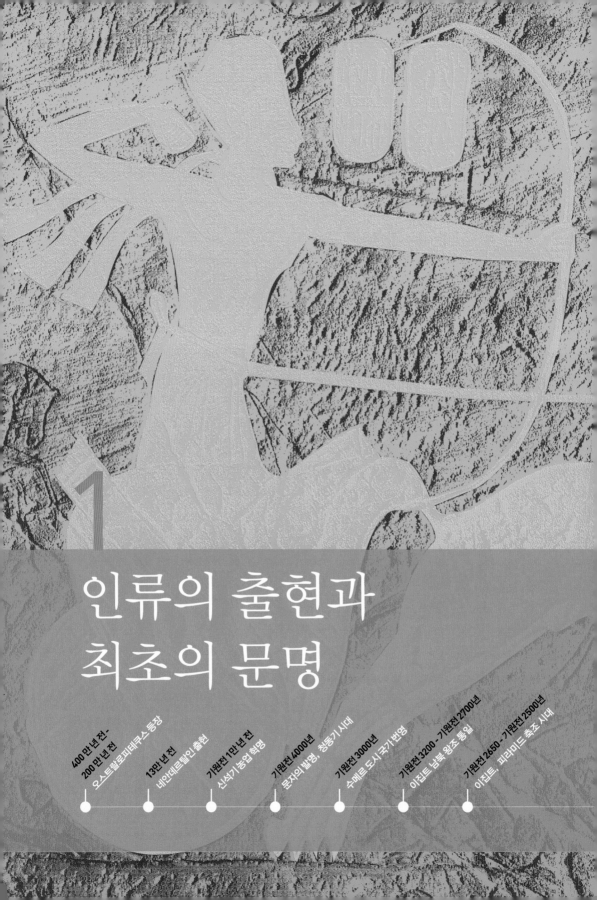

인류의 출현과
최초의 문명

인류의 조상은 누구인가

인류의 조상은 원숭이일까?

책이나 영화에서 원시인의 모습을 본 적이 있지? 온몸에 털이 북슬북슬하고 입이 툭 튀어나온 게, 솔직히 사람보다는 원숭이에 가깝게 느껴지지 않았니? 오늘날의 인간과는 너무도 다른 이런 원시인들은 대부분 현재의 인류가 등장하기 전에 멸종해 버렸지. 그래도 이들을 '원시인(原始人)'이라고 부르는 것은 이들에게서 인간과 닮은 특징이 발견되기 때문이야. 학자들은 이들이 인류의 출현과 관계가 있을 것이라고 생각해. 그렇다면 이들은 정말 인류의 조상일까? 현재의 인류는 어떻게 지구에 출현하게 되었을까? 학자들은 원시인이 현재의 인류와 어떤 연관이 있는지 밝혀내기 위해 오랫동안 그들의 흔적을 찾아 연구해 왔어. 인류의 조상에 대한 연구가 처음 시작된 것은 19세기 중반의 일이었어. 1859년, 영국의 생물학자 찰스 다윈(1809~1882)이 《종

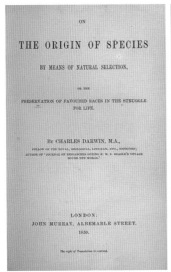

《종의 기원》 1859년 발간될 당시의 원본 표지.

찰스 다윈 《종의 기원》을 집필하던 45살 때의 모습이다.

의 기원》이라는 책을 통해 '진화론'을 발표하면서 본격적인 논쟁이 시작되었지. 그 책의 내용을 요약하면, '모든 생물은 단순하고 원시적인 형태에서 복잡하고 발달된 형태로 변화해 왔다.'는 것이었어. 진화론의 내용이 알려지자 사람들은 무척 놀랐어. 당시 크리스트교적 세계관을 지니고 있던 유럽 사람들은 하느님이 모든 생물을 지금의 모습대로 창조했다고 믿고 있었거든. 게다가 다윈이 1871년에 내놓은《인간의 유래》에는 더욱 충격적인 내용이 들어 있었어. 인류의 조상과 오랑우탄이나 침팬지, 고릴라의 조상이 같을 확률이 매우 높다는 내용이었지. 그러자 사람들은 다윈이 신과 인간을 모독했다고 느꼈어. 화가 난 교회 지도자들이 공개 토론회를 열어 다윈의 이론을 하나하나 반박하기도 했어.

그러나 19세기는 이미 과학과 기술이 지배하는 시대였고, 많은 사람이 과학적 사고방식을 받아들이고 있었어. 처음에는 당황하던 사람들도 곧 다윈의 이론을 인간의 기원을 밝히기 위한 과학적인 연구 결과로 인정하게 되었어. 인간의 출현도 과학적으로 설명할 수 있다고 생각하게 된 거지. 얼마 뒤에는 여러 나라에서 다윈의 뒤를 따르는 연구자들이 속속 생겨났단다.

하지만 이런 학자들이 단순히 '인류의 조상은 원숭이다.'라는 식으로 주장한 것은 아니야. 오히려 학자들의 연구 결과로 오랑우탄이나 침팬지, 고릴라는 앞으로 수백만 년이 흐른다 해도 결코 인간이 될 수 없다는 점이 분명해졌지. 학자들은 생물학적으로 매우 복잡하고 다른 동물들에 비해 특별히 머리도 좋은 지금의 인류가 어떻게 생겨났는지에 대해 꾸준히 연구해 왔어. 그 결과 인류의 조상에 관한 비밀이 조금씩 드러나면서 인류의 생물학적인 조상으로 보이는 원시 인류가 몇몇 있었다는 사실도 밝혀졌지.

초기의 원시 인류들

너희도 알로사우루스나 티라노사우루스 같은 공룡에 대해 잘 알고 있을 거야. 공룡들은 지금부터 2억 년 전쯤부터 지구에 살기 시작해서 7000만 년 전쯤에 멸종했다고 해. 그렇다면 우리 인류의 조상은 언제부터 지구에 살기 시작했을까? 공룡과 인간이 함께 살았던 적은 없다고 하니까 7000만 년 전까지 거슬러 올라가지는 않겠지?

그런데 이 문제에 대해서는 딱 한마디로 대답하기 어려워. 인류 출

20만 년 전

아시아

2만 년 전

북아메리카

50만 년 전

아프리카

400만 년 전

100만 년 전

남아메리카

5만 년 전

오스트레일리아

1만 년 전

선사 시대 인류의 이동

현의 비밀을 밝히려는 연구는 아직 한창 진행 중이거든. 지금도 여러 나라의 고고 인류학자들이 인류의 조상이 살았음직한 지역을 탐사하고 그곳에서 나온 뼈와 화석, 그 밖의 유물을 발굴해 연구하고 있어. 아직 풀리지 않은 수수께끼도 적잖이 남아 있지만, 이미 밝혀진 중요한 사실도 많지. 그리고 중대한 연구 성과가 나올 때마다 우리 인류의 직접적인 조상이 어떤 존재였는지, 처음 지구상에 출현한 시점은 언제였는지도 조금씩 밝혀지고 있단다.

몇 십 년 전만 해도 처음 인류가 생겨난 시기는 200만 년 전쯤이라고 알려져 있었어. 아프리카 곳곳에서 유골이 발견된 '오스트랄로피테쿠스'가 그 주인공이지. 하지만 최근 연구를 종합해 보면, 오스트랄로피테쿠스는 이미 약 400만 년 전에 동아프리카에서 출현해 아프리카 전역에 퍼져 살다가 약 200만 년 전에 멸종했다고 해.

유전적으로 오스트랄로피테쿠스는 침팬지나 오랑우탄과 비슷해

호모 하빌리스

서 유인원의 후손으로 볼 수 있어. 오스트랄로피테쿠스는 생김새뿐 아니라 뇌의 크기도 사람보다는 원숭이에 가까워서, 지금 우리가 가진 뇌의 3분의 1 크기밖에 되지 않았어. 그런데도 오스트랄로피테쿠스를 인류의 조상으로 여겼던 이유가 뭘까? 가장 중요한 이유는 오스트랄로피테쿠스가 원숭이를 포함한 다른 모든 동물들과 달리 두 발로 똑바로 서서 걸어 다녔다는 점이야. 두 발로 걸어 다닌 사실이 뭐 그리 대단하냐고? 네 발이 아닌 두 발로 걷는다는 것은 두 손을 자유롭게 쓸 수 있다는 뜻이야. 손으로 도구를 사용해 먹이를 더욱 쉽게 구하고 직접 도구를 만들어 쓸 수도 있으니 지능이 빨리 발달할 가능성이 열리게 된 거지. 학자들은 인류가 두 발로 서서 걷기 시작하면서 다른 동물들과는 달리 문화와 문명을 일구어 낼 수 있었다고 주장한단다. 두 발로 걷는 특징이 이렇게 중요한 것이라면 오스트랄로피테쿠스를 인류의 조상으로 보아도 좋지 않을까? 그래서 학자들은 오스트랄로피테쿠스를 인류와 가장 관련이 깊은 유인원이라고 믿게 되었지.

그런데 1962년, 이런 믿음을 뒤흔들어 놓는 일이 생겼어. 아프리카 동부 탄자니아와 케냐에서 두 발로 걸었을 뿐 아니라 실제로 도구를 만들어 쓴 원시인의 유골이 발견된 거야. 이들은 오스트랄로피테쿠스보다 뇌의 크기가 더 컸고, 얼굴 생김새도 좀 더 인간에 가까웠대. 무엇보다 중요한 것은 이들의 뼈와 함께 돌로 된 도구가 발굴되었다는 점이야. 여러 정황으로 보아 그 유골의 주인공이 직접 만들어 사용한 도구인 게 분명했지. 이들이 살았던 시기는 약 230만 년 전에서 140만 년 전으로 오스트랄로피테쿠스가 멸종했던 무렵인 것으로 밝혀졌어. 학자들은 이 원시인에게 '손재주를 가진 사람'이라는 뜻의 '호모 하빌리스'라는 이름을 붙여 주었어. 이름에 '호모'를 붙인 것은 이들을 침팬지나 오랑우탄 등의 유인원과는 완전히 구별되는 인간의 조상으로 분류한다는 뜻이야. 이후 호모 하빌리스는 현 인류와 가장 관련이 깊고 가장 오래전에 살았던 원시 인류로 받아들여지고 있단다.

그런데 오스트랄로피테쿠스와 호모 하빌리스보다도 먼저 발견된 몇몇 원시 인류가 있어. 오래전에 멸종되어서 현 인류의 직접적인 조상으로 볼 수는 없지만 다른 동물들과 구별되는 인간만의 특징을 지니고 있던 이들이지.

먼저 소개할 원시 인류는 약 180만 년 전에서 130만 년 전에 살았던 '호모 에렉투스'야. '똑바로 걷는 사람'이라는 뜻이지. 호모 에렉투스는 오스트랄로피테쿠스와 호모 하빌리스가 발견되기 전까지만 해도 지구에 나타난 최초의 원시 인류라고 여겨졌단다. 호모 에렉투스의 흔적은 1890년대부터 지구 곳곳에서 발견되었어. 중국의 베이징 근처 저우커우텐(주구점)이라는 곳에 있는 석회암 동굴과 인도네시아의 자바 섬, 또 독일의 하이델베르크 근처에서도 유골과 화

호모 에렉투스

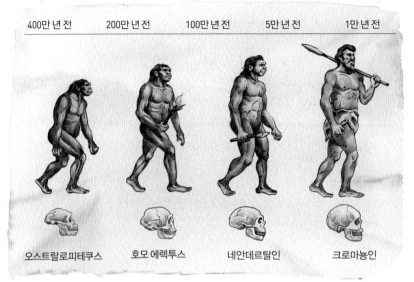

400만 년 전	200만 년 전	100만 년 전	5만 년 전	1만 년 전

오스트랄로피테쿠스　　호모 에렉투스　　네안데르탈인　　크로마뇽인

원시 인류의 출현과 발달 과정

석이 나왔지. 호모 에렉투스는 오스트랄로피테쿠스나 호모 하빌리스에 비해 몸집도 크고 뇌도 컸대. 현재 인류의 뇌보다 조금 작은 정도였지. 이들은 호모 하빌리스보다 더욱 발달된 도구를 만들어 썼어. 대표적인 것이 돌의 양면을 깨뜨려 날을 세운 손도끼야. 또 호모 에렉투스는 불도 사용할 줄 알았어. 저우커우텐에서 발견된 유골을 '베이징인'이라고 부르는데, 베이징인이 발견된 곳에서는 유골과 함께 불에 탄 동물의 뼈와 많은 재 그리고 숯이 발견되었거든. 하지만 생김새가 인간보다 원숭이에 더 가까운 이들을 현 인류의 직접적인 조상으로 보기는 어려워. 아직도 학자들 사이에 이들의 유래와 분류법에 대한 의견이 달라서 연구가 계속되고 있단다.

다음은 약 13만 년 전부터 살았던 네안데르탈인이야. 1856년에 그 유골이 처음 발견된 곳이 독일 뒤셀도르프의 네안데르탈이라는 계곡이었기 때문에 그런 이름이 붙었단다. 이들의 뇌는 현 인류의 뇌보다 오히려 더 컸고, 돌로 다양한 도구를 만들어 쓸 줄 알았대. 그뿐만 아니라 죽은 사람을 땅에 묻는 풍습이 있었을 정도로 정신 세계와 문화가 발달했던 것으로 알려져 있어. 하지만 이들도 약 3만 년 전에 지구에서 완전히 사라졌기 때문에 현 인류의 직접적인 조상으로 볼 수는 없어.

네안데르탈인이 발견된 지 10여 년 뒤인 1868년, 이번에는 프랑스 남부 도르도뉴 지방의 크로마뇽이라는 동굴에서 또 다른 유골들이 발견되었어. 둥근 두개골에 작은 턱뼈를 가진 5개의 유골이었지. 약 4만 5000년 전의 것으로 밝혀진 이 뼈들은 그 모습이 현 인류의 것과 아주 비슷했어. 학자들은 이 크로마뇽인을 현 인류와 같은 종으로 인정하고 '매우 지혜로운 사람'이라는 뜻의 '호모 사피엔스 사피엔스'라는 이름을 붙여 주었어.

하지만 현재 지구에 살고 있는 인류가 모두 크로마뇽인의 후손이라고 볼 수는 없어. 학자들의 연구 결과로 크로마뇽인과 생김새가 조

고고학자들의 발굴 장면 고고학자들은 화석을 발굴해서 유전학과 생화학적 방식으로 분석하여 역사적 사실들을 밝혀낸다.

금씩 다르지만 분명히 같은 종에 속하는 원시 인류들이 더 있었을 거라는 점이 밝혀졌거든. 호모 사피엔스 사피엔스는 크로마뇽인만을 가리키는 것이 아니라 비슷한 특징을 지닌 여러 인종을 한꺼번에 부르는 이름이야. 학자들은 호모 사피엔스 사피엔스가 약 12만 5000년 전부터 지구 곳곳에서 살기 시작했을 것으로 추측하고 있어. 이들이 세계 여러 지역에서 환경에 적응하며 진화를 거듭해 오늘날의 인류로 이어졌다는 거지.

지금까지 인류의 진화 과정에 대해 설명했어. 그런데 이상한 점이 있지 않니? 초기 원시 인류부터 오늘날의 인류에 이르는 발달 과정이 계속 이어져 있는 것이 아니라 중간중간 뚝뚝 끊겨 있잖아. 호모 하빌리스와 호모 에렉투스를 잇는 고리도 찾아볼 수 없고, 호모 에렉투스와 그들이 멸종한 뒤 나타난 호모 사피엔스 사피엔스를 이어 주는 고리도 보이지 않지. 대체 호모 하빌리스나 호모 에렉투스 같은 원시 인류들은 오늘날의 인류가 탄생하는 데 어떤 영향을 미친 것일까? 또 우리 인류의 직접 조상인 호모 사피엔스 사피엔스는 어떻게 해서 지구 곳곳에 나타난 걸까? 아직 밝혀지지 않은 이 고리를 찾아 인류 탄생의 비밀을 더욱 환하게 밝혀내는 일은 여전히 고고 인류학의 숙제로 남아 있단다.

인류의 조상을 구별해 내는 기준

고고 인류학자들이 수많은 원시 동물 가운데서 인류의 조상을 구별해 내는 기준은 무엇일까? 가장 중요한 기준은 현재 지구에 살고 있는 인류의 특징이야. 우선 얼굴과 몸의 생김새가 얼마나 닮았는지를 비교해 봐야 해. 그래서 학자들은 아주 작은 뼛조각이나 치아 한 조각도 아주 소중하게 생각해. 그런 것들을 통해서 오래전에 살았던 인류의 모습을 추측해 볼 수 있기 때문이지. 키는 얼마나 컸고, 뇌는 얼마만 했는지, 또 어떤 환경에서 살았는지까지 알아내서 현재의 인류와 어떤 점이 닮았는지 따져 보는 거야.

하지만 생김새만을 비교해서는 인간이 어떤 조상에서 어떻게 진화해 왔는지 제대로 알 수가 없어. 원시 인류의 생활 모습에서도 현 인류와 비슷한 특징을 찾아내야 하지.

지금 우리는 크고 작은 사회를 이룬 채 자연을 이용하며 살아가고 있어. 또 매우 발달된 과학 기술을 가지고 있고, 뛰어난 예술 작품도 만들어 내지. 결국 이런 생활 모습들이 모여 다른 동물과 구별되는 인간만의 고유한 특성을 이루어 낸 거야. 그렇다면 원시 인류의 생활 모습 중에서 현 인류와 연결지을 수 있는 특징으로 어떤 것이 있을까? 앞에서 설명했듯이 인류의 조상들은 두 발로 서서 똑바로 걸었고, 자유로운 두 손으로 도구를 만들어 썼어. 불을 이용할 줄도 알았고, 시체를 땅에 묻는 풍습을 전하기도 했지. 그런가 하면, 한데 모여 무리 생활을 하면서 함께 사냥도 하고 식물의 잎이나 열매를 따 먹기도 했어. 그러다 농사를 지어 곡식을 길러 낼 줄 알게 되고, 동굴 벽에 지금 우리가 보기에도 훌륭한 그림을 그려 넣기도 했지. 비록 초보적인 수준이지만 원시 인류는 분명 오늘날의 발달된 인류 문화를 일구어 낼 가능성을 품고 있었던 거야.

인류 조상들의 생활 모습

수백만 년 동안 이어진 인류의 역사에서 문자로 된 기록이 남아 있지 않은 시대를 '선사 시대'라고 해. 수메르에서 인류 최초의 문자로 알려진 쐐기 문자가 나온 것이 기원전 5000년 무렵이니까 인류 역사의 대부분은 문자가 없던 선사 시대였어.

이렇듯 긴 선사 시대는 인류가 어떤 도구를 만들어 썼느냐에 따라 구석기 시대와 신석기 시대로 나뉜단다. 대개의 학자들은 약 1만 년 전부터 신석기 시대가 시작되었다고 보고 있어. 그러니 인류 역사의 대부분은 선사 시대 중에서도 구석기 시대에 속하는 거야. 자, 이제 구석기 시대와 신석기 시대에 살았던 원시 인류의 생활을 살펴보자.

구석기 시대

구석기 시대는 매우 길었지만 원시 인류의 생활 모습에는 큰 변화가 없었어. 구석기 시대 사람들은 돌덩이를 깨뜨리거나 떼어 내서 여러 가지 도구를 만들어 사용했는데, 이런 도구를 '뗀석기'라고 해. 구석기 사람들은 도끼나 찌르개 같은 뗀석기를 이용해 무리 지어 사냥을 하거나 나무 열매를 따 먹고 살았어. 그러다 사냥감이나 나무 열매가 다 떨어지면 먹이가 풍부한 다른 곳을 찾아 떠돌아다녀야 했지. 호모 에렉투스에 속하는 베이징인들이 불을 사용했다는 이야기는 이미 했

알타미라 동굴 벽화 구석기인들은 동굴 벽에 매우 사실적인 들소 그림을 남겼다.

지? 또 다른 구석기 유적에서는 돌로 된 바늘이 발견되기도 했어. 구석기 사람들이 이미 간단한 옷을 지어 입기 시작했다는 걸 알 수 있지. 구석기인들은 추위나 비바람을 피하기 위해 주로 동굴에서 지냈던 것 같아. 구석기인의 유골이 주로 동굴에서 발견되었거든. 그런가 하면 이들은 동굴 안에 굉장한 그림을 남겨 놓기도 했어.

1879년, 에스파냐의 귀족 마르셀리노는 어린 딸과 함께 자기 영지 안에 있는 동굴을 탐사하고 있었어. 그런데 갑자기 딸이 "아빠, 저기 소가 있어요!" 하고 소리치더래. 마르셀리노가 딸이 가리키는 동굴 천장을 올려다보니 정말 멋진 들소 그림이 그려져 있더라는 거야. 마르셀리노는 작은 책자를 만들어 이 오래된 동굴 벽화를 세상에 알렸어. 그렇지만 처음에는 고고학자들조차 이 벽화가 구석기 시대의 그림이라고 믿지 않았대. 들소 그림이 현대적인 느낌이 들 만큼 너무나 세련되었기 때문이야. 나중에야 남부 프랑스와 에스파냐 북부 지역에서 생활했던 크로마뇽인이 이 동굴 벽화를 그린 것으로 밝혀졌어. 이것이 유명한 알타미라 동굴 벽화야. 이 밖에도 프랑스와 에스파냐 일대에서는 20개가 넘는 동굴 벽화가 발견되었지. 그중에는 여러 가지 색의 돌을 갈아서 그 가루로 색을 입힌 것도 있대. 놀랍지 않니? 이처럼 구석기인들은 훌륭한 예술가였어.

신석기 시대

오랜 세월 동안 뗀석기를 사용하던 원시 인류는 점차 돌을 잘 갈아서 다듬는 법을 알게 되었어. 그 덕분에 석기는 전보다 성능이 좋아지고, 사용하기에도 더욱 편리해졌지. 이렇게 돌을 갈아서 만든 도구를 '간석기'라고 해. 인류가 간석기를 사용하기 시작하면서 오랜 구석기 시대는 저물고 신석기 시대가 열렸어.

신석기 시대가 되면서 사람들의 생활에는 여러 가지 큰 변화가 생겼어. 무엇보다 신석기인들은 동굴에서 나와 물가에서 살기 시작했어. 그걸 어떻게 알았냐고? 신석기 시대 사람들의 흔적과 그들이 사용한 도구들이 주로 강가나 호숫가, 바닷가에서 발견되었거든. 신석기인들이 살던 장소에서는 산더미 같은 조개껍질 무더기가 함께 발견되는 일이 많아. 이런 흔적을 통해 그들이 물가에 살면서 물고기나 조개 따위를 잡아먹고 살았다는 것도 알 수 있지.

인류의 생존 방식에 엄청난 변화가 일어난 것도 이때였어. 바로 농사를 짓고 가축을 기르기 시작한 일이야. 사람들이 농사짓고 가축 기르는 것은 당연한 일 아니냐고 생각할지도 모르겠구나. 하지만 이건 인류의 역사에서 가장 중요한 사건 가운데 하나야. 농사를 짓기 전까지 인류는 늘 먹을 것을 찾아 옮겨 다녀야 했고, 자연에서 먹이

신석기 유적지 영국 오크니 섬에서 발견된 신석기 마을 '스카라 브래'. 돌로 지은 집 10채가 남아 있다. 기원전 3100 ~ 기원전 2500년 전에 만들어진 것으로 추정된다.

찍개

주먹도끼

슴베찌르개

화살촉

뗀석기 구석기 시대에 돌덩이를 깨뜨리거나 떼어 내서 만든 도구. 찍개는 동물의 뼈를 찍거나 나무를 다듬는 데 사용되었고, 주먹도끼는 짐승의 가죽을 벗기는 등 가장 널리 쓰인 도구였다. 슴베찌르개는 화살촉으로 사용되었다.

간석기 신석기 시대에 돌을 갈아 만든 도구. 간석기는 뗀석기보다 날이 예리하고 훨씬 정교하며, 화살촉도 슴베찌르개보다 훨씬 날카롭다.

를 구하지 못하면 그대로 굶어 죽는 수밖에 없었어. 그러니 사람들의 관심은 오로지 먹을 것을 구하는 일이었지. 그런데 사람들이 농사를 짓고 가축을 길러 필요한 양식을 스스로 생산해 내면서부터 상황은 크게 달라지게 되었어. 먹을 것을 꾸준히 얻을 수 있게 되었고, 궁한 때를 대비해 양식을 저장할 줄도 알게 되었지. 신석기 유적지에서는 흙으로 만든 그릇이 발견되는 경우가 많아. 위쪽 입구는 넓고 바닥은 뾰족하게 생겼는데, 겉면에 빗살무늬가 그려져 있어서 '빗살무늬 토기'라고 부르지. 빗살무늬 토기는 신석기인들이 먹고 남은 곡식이나 씨앗으로 뿌릴 낟알을 보관하기 위해 만든 거란다. 이렇게 농사를 짓고 가축을 기르기 시작하면서 인류는 자연히 떠돌이 생활을 그만두고 한곳에 정착해 촌락을 이루어 살게 되었어. 굶어 죽는 사람이 줄어들었고, 여자들은 전보다 더 많은 아이를 낳았지. 자연히 인구수가 늘어나고, 촌락의 규모도 점점 더 커졌단다.

혹시 신석기 시대의 돌기둥 숲에 대해 들어 본 적이 있니? 영국 남부 웨일스 지방에는 넓은 평원에 평균 54톤이나 되는 거대한 돌기둥들이 원형으로 세워져 있어. 바로 세계적으로 유명한 신석기 유적인 '스톤헨지'란다. 사람의 힘만으로 이런 엄청난 구조물을 쌓았다는 것도 믿기 어려운데, 심지어 이 돌들은 아주 멀리 바다 건너에 있는 산에서 옮겨진 것들이래. 학자들은 신석기인들이 돌을 옮길 때 바다에서는 뗏목을 이용하고, 육지에서는 통나무를 바닥에 잔뜩 깔아 놓은 뒤 그 위에 돌을 올려 굴리는 방법을 이용했을 거라고 추정하고 있어.

세계에는 스톤헨지처럼 어마어마한 규모가 아니더라도 그와 비슷한 신석기 시대의 돌 구조물이 많이 있어. 이렇게 돌로 만든 커다란 구조물은 신석기인들의 놀라운 건축 기술을 말해 주기도 하지만, 당시 사람들의 공동체 생활을 알려 주기도 한단다.

영국 남부의 스톤헨지 기원전 3000년경에 축조되었고, 사람의 유골이 발견된 것으로 미루어 무덤으로 추정된다.

요즘처럼 크레인 같은 장비가 있었던 것도 아니니, 돌을 나르고 쌓기 위해서는 엄청나게 많은 사람이 필요했을 거야. 그러니 신석기인들의 촌락에는 많은 사람을 부릴 수 있는 힘센 사람도 있었겠지. 다시 말해서 신석기 시대에 공동체를 다스리는 권력을 가진 지도자가 등장했다는 거야. 또 공동체 안에서 사람들이 각자 하는 일도 정해졌지. 이렇게 사람들의 사회적 지위나 직업이 복잡하게 나뉘고 각자의 역할이 고정되는 것을 '사회 분화'라고 해. 예를 들어 다른 지역에서 적이 침입해 오면 그들과 맞서 싸우는 병사들이 생기는가 하면, 농사일에만 매달리는 농민이 정해지고, 또 공동체 사람들이 생활하는 데 필요한 도구를 만드는 대장장이와 목수도 등장하는 거지. 이렇게 고정된 역할은 지위의 높고 낮음으로 연결되었어. 병사들은 높은 계급이고 농민이나 목수, 대장장이는 낮은 계급이었지. 물론 가장 높은 계급은 촌락을 다스리는 지도자였어.

인류는 이렇듯 공동체 내에서 각자 정해진 역할을 맡아 서로 협력해 살아가는 방법을 터득하면서 서서히 문명의 길로 들어섰단다. 그래서 신석기 시대가 끝날 무렵에는 지구 곳곳에서 전에는 볼 수 없었던 고대 문명이 싹텄지. 이집트, 메소포타미아, 인도의 인더스 강과 갠지스 강 유역, 중국의 황허 강 유역이 바로 그런 지역이야. 이 가운데 서양 문명에 가장 큰 영향을 미친 것은 이집트와 메소포타미아 문명이었단다.

두 강 사이의 땅, 메소포타미아

바빌로니아, 아시리아, 수메르

바빌로니아의 성과 바벨탑

지금의 이라크 땅, 유프라테스 강과 티그리스 강 사이에는 예로부터 기름진 평야 지대가 펼쳐져 있었어. '두 강 사이의 땅'이라는 뜻에서 메소포타미아라고 불리는 지역이지. 지금은 모래 언덕만 수북하게 쌓여 있는 이 지역에서 아주 오래전부터 인류의 조상들이 살아왔다고 전해진단다. 성경이나 고대 전설에는 그들이 일구었던 도시와 문명에 대한 이야기가 종종 등장하지.

바벨탑에 대한 이야기도 그중 하나란다. 성경에는 수천 년 전 바빌로니아 왕국 사람들이 쌓았다는 바벨탑에 얽힌 전설이 등장한단다. 그 옛날, 눈부신 문명을 일구어 풍요와 번영을 누리게 된 바빌로니아인들은 꼭대기가 하늘까지 닿는 거대한 탑을 쌓아 자신들의 능력을 뽐내려 했대. 하지만 하느님은 이 탑을 쌓던 사람들의 말과 마음

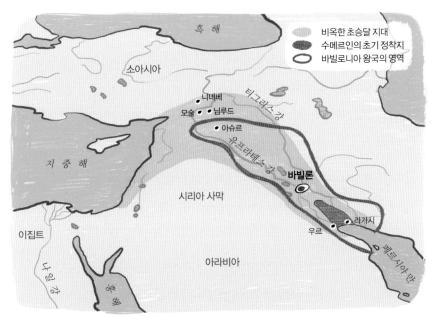

메소포타미아 지역 메소포타미아는 '두 강 사이의 땅'이란 뜻이다. 여기서 두 강은 티그리스 강과 유프라테스 강을 말한다.

을 흩어 놓아 신에게 도전하려 했던 인간들을 벌했다는구나. 이때부터 인류는 서로 다른 민족으로 갈라져 각자 다른 언어를 쓰게 되었다는 거야. 이 이야기로 인해 바벨탑은 인간의 오만함과 욕심을 상징하는 탑이 되었지. 그런데 이 바벨탑이 정말 전설 속에만 존재하는 탑일까? 아니면 실제로 사람들이 쌓아 올린 탑일까?

1899년, 독일의 고고학자 로베르트 콜데바이(1855~1925)는 옛 바빌로니아의 수도인 바빌론이 있던 유프라테스 강 유역에서 모래 언덕 깊숙이 묻혀 있는 성과 탑을 발굴했어. 콜데바이가 발견한 탑과 성은 원래의 모습 그대로가 아니라 허물어져 기초만 남아 있고 수만 개의 조각으로 부서져 있는 상태였지. 하지만 그 규모는 어마어마해서 누가 보아도 지구에서 가장 큰 성인 게 분명했어. 함께 발굴된 조각 장식과 보물들도 너무 화려해서 과연 신이 사람들의 교만과 사치를 나무랄 만했다는 생각이 들 정도라는구나.

콜데바이가 언덕을 파 들어가자 제일 먼저 모습을 드러낸 것은 엄청나게 두꺼운 성벽이었어. 얼마나 두꺼웠는지는 그 성벽이 실제로 서 있었던 시대에 살았던 그리스의 역사가 헤로도토스가 한 말을 보면 알 수 있어.

이중으로 된 성벽은 하도 두꺼워서 성벽 위는 마치 넓은 길 같다. 그 길 위로는 네 필의 말이 끄는 마차가 양편에서 달려와도 지나다닐 수 있다.

성의 유적이 실제로 발견되기 전까지 사람들은 헤로도토스의 이야기를 옛날 사람의 허풍쯤으로 여겼어. 그런데 그 말이 사실이었던 거야. 진흙 벽돌을 쌓아 만든 성벽은 정말로 이중으로 되어 있었는데, 안쪽 성벽의 두께가 7미터에 달했어. 그로부터 12미터 떨어진 곳에 있는 바깥쪽 성벽의 두께는 7.8미터나 되었지. 이 성벽과 성벽 사이를 흙으로 메워 놓아 헤로도토스가 말한 것처럼 넓은 길을 이루었던 거야. 성문도 굉장히 컸는데, 나무로 만들어 청동으로 옷을 입혔대.

바벨탑의 유적은 이 성벽 안쪽에서 발굴되었어. 탑의 윗부분은 허물어졌지만 밑부분은 그대로 남아 있었고, 탑에 쓰였던 벽돌과 정교한 조각 장식품들도 발견되었어. 고고학자들은 바빌로니아의 가장 힘센 왕이었던 네부카드네자르가 기원전 7세기경에 이 탑을 쌓았다고 추정했어. 하지만 성경에 나오는 바빌론 사람들이 바벨탑을 쌓은 것은 기원전 7세기보다 훨씬 전의 일이야. 그렇다면 콜데바이가 발견한 탑은 정말 성경에 나오는 그 바벨탑이었을까?

바빌로니아에서 발견된 기록을 보면, 네부카드네자르가 처음 바벨탑을 쌓은 것이 아니라, 오래전 조상 때부터 있던 탑이 낡고 기울어서 다시 고쳐 쌓은 것이라고 해. 바빌로니아는 아주 오래된 나라였던 거지. 네부카드네자르가 살았던 때보다도 1000년 전에 이미 문명이 발달한 큰 왕국이었어. 그러니까 기원전 1700년 무렵에 그의 선조인 함무라비 왕(기원전 1792~기원전 1750년 재위)은 아주 큰 나라를 세우고 법을 만들었어. 그 법은 지은 죄와 받아야 하는 벌의 내용을 조목조목 글로 적어 놓은 최초의 '성문법'이라고 알려져 있지. 이 오래된 기록에는 함무라비 왕이 살기 전부터 바벨탑이 있었다고 되어 있어. 그래서 사람들은 이 탑이 바로 성경에 나오는 그 바벨탑일 거라고 생각해 왔단다.

우리는 바벨탑의 유적과 기록을 통해 실제 있었던 탑의 모양을 상

지구라트 메소포타미아 각지에 세워져 있는 피라미드 형태의 신전.
신과 인간을 연결하기 위한 형태로, 가장 높은 것은 높이가 102미터나 된다.

상해 볼 수 있어. 탑 밑부분은 한 변의 길이가 90미터나 되는 커다란 사각형이야. 그 위에 점차 작아지는 8개의 사각형을 계단식으로 쌓은 탑이지. 벽돌 8500만 개로 쌓아 올린 이 탑 전체의 높이는 90미터였대. 굉장히 큰 탑이었지. 이 탑을 '지구라트'라고 불렀는데, 이 말은 아시리아와 바빌로니아 말로 산봉우리를 뜻한다고 해. 탑의 벽은 금박을 입히고 광택이 나는 푸른 벽돌로 장식해서 햇빛을 받으면 멀리까지 빛났다고 하는구나.

탑의 각 층에는 순금으로 된 탁자 옆에 순금으로 된 발판을 밟고 앉아 있는 신상을 모셔 놓았어. 맨 꼭대기 층에 바빌로니아 사람들이 믿는 최고신을 모셨어. 그 신상과 장신구를 만드는 데 무려 금이 26톤이나 쓰였대. 우리가 요즘 이사할 때 짐을 실으러 오는 트럭이 보통 2.5톤이니까, 그 트럭 10대에 금을 가득 실어야 그 정도가 될 거야. 정말 엄청난 양이지?

바빌로니아인은 왜 바벨탑을 쌓았을까?

바빌로니아 사람들은 왜 그토록 단단한 요새를 짓고 크고 화려한 탑을 쌓았을까? 메소포타미아 지역에는 수천 년 전부터 핏줄이 다른 여러 종족이 살아왔어. 이들은 피부색도 달랐고 언어는 물론, 믿는 신도 각기 달랐지. 가장 오래전부터 이 지역에서 살며 자신들의 문명을 발달시킨 수메르인, 한때 바빌로니아보다도 힘이 세서 이 지역을 통일하고 왕국을 세웠던 아시리아인, 세계 최초로 말이 끄는 전차를 타고 전쟁에 나갔던 힉소스인, 역시 최초로 철로 된 무기를 썼다는 히타이트

〈바벨탑〉 플랑드르 화가 피터 브뤼겔이 1563년 로마에 가서 콜로세움을 보고 영감을 받아 그린 그림.

인, 장사에 밝고 무역을 잘해서 아프리카에까지 식민지를 건설했다는 페니키아인, 지금의 이스라엘 민족의 조상으로 유일신을 섬겼던 헤브라이인들까지 정말 만만치 않은 여러 민족이 있었지. 이 민족들은 각자 도시를 건설하기도 하고 나라를 세우기도 했어. 그래서 늘 크고 작은 전쟁이 끊이질 않았고, 많은 나라가 망하고 흥하기를 거듭했지. 힘이 세지면 다른 나라를 정복해서 큰 나라를 세우기도 했고 말이야.

적의 침입을 막아 내지 못하면 살던 집을 잃고, 재물을 빼앗기고, 적군의 노예가 되었어. 사람들은 한시도 마음을 놓을 수 없었고, 자기의 운명이 어떻게 될지 늘 불안했어. 이 지역에서 별을 보고 운명을 점치는 점성술이 발달한 것도 이런 환경 탓이야. 그래서 사람들은 궁전이나 집을 짓기 전에 먼저 외적의 침입을 막을 수 있는 튼튼한 성을 쌓아야 한다고 생각했던 거지.

네부카드네자르 왕이 쌓은 이중 성벽 위에는 600개가 넘는 망루가 있어서 병사들이 늘 적의 침입을 감시할 수 있었대. 또 성 주위로는 성벽의 둘레를 따라 도랑을 파서 센 물살을 흘려보냈대. 네부카드네자르 왕은 이 도랑을 파 놓은 뒤에 거센 물줄기로 왕국을 감싸 놓았으니 더 이상은 어떤 적도 바빌로니아를 넘볼 수 없을 것이라고 큰소리쳤다는구나.

늘 전쟁을 하며 살아야 했던 사람들은 불안한 마음을 신에게 의지했어. 전쟁에서 지는 것, 죽는 것, 노예가 되는 것은 사람이 자신의 뜻대로 할 수 있는 일은 아니었지. 사람들은 누군가 자신을 적으로부터 지켜 주고, 나쁜 운명에서 구해 주길 바랐어. 그래서 도시마다 자기 도시를 지켜 줄 수호신을 섬겼던 거야. 당시 이 지역 사람들이 상상했던 신은 인간과 동물의 능력을 합쳐 놓은 초능력 투사 같은 모습이었어. 사람처럼 지혜롭고, 사자처럼 힘세고, 독수리처럼 빠른 수호신의 도움을 받는다면, 도시를 안전하게 지킬 수 있다고 생각했지. 그래서 이 지역에서 발굴된 조각들은 반은 사람이고, 반은 동물의 모습을 하고 있어.

날개 달린 소의 부조 기원전 8세기에 만들어진 사람의 머리, 소의 몸, 독수리의 날개를 가진 아시리아 왕의 수호신상.

신을 섬기기 위해서는 신을 모시고 예배드릴 신전이 필요했어. 바벨탑, 곧 바빌론의 지구라트는 바로 바빌로니아 사람들의 수호신을 모셔 두는 신전이었어. 수많은 순례자가 긴 행렬을 이루며 신에게 예배하기 위해 이곳을 찾아왔다고 하는구나.

사냥꾼의 나라에 도서관을 세운 아시리아 왕

메소포타미아 지역에는 여러 민족이 건설한 나라가 있었고, 이들은 각기 다른 문화를 가지고 있었어. 하지만 이 지역의 여러 민족은 좁은 지역에서 싸우고 정복하기도 하면서 서로 영향을 주고받아 매우 비슷한 문화를 가지게 되었지. 이 지역에는 한때 바빌로니아를 누르고 큰 제국을 세웠던 아시리아가 있었어. 지금 중동 지역에 있는 시리아가 아시리아의 후손들이지.

영국 런던의 대영 박물관을 비롯한 유럽의 유명한 박물관에 가면, 커다란 석회암 판에 전투 장면이나 말을 탄 장군들이 사냥을 하는 모습을 새긴 부조를 흔히 볼 수 있어. 부조는 판에다 형체가 두드러져 보이도록 조각한 것을 말해. 이것이 아시리아인의 작품이야. 이 조각들에는 사람이나 말이 정말 진짜같이 그려져 있어서 당시 모습을 생생히 보여 준단다.

그중 한 부조를 보면, 화려하게 장식한 말이 전차를 끌고 있어. 그 전차에는 두툼한 갑옷을 입은 두 전사가 타고 있지. 그중 한 명은 긴 칼을 찬 장수로 팽팽하게 활을 당겨 달려드는 사자를 겨누고 있고, 다른 한 명은 고삐를 잡고 채찍으로 말을 내려치고 있어. 또 뾰족한 투구를 쓰

달려드는 사자에게 창을 꽂는 아슈르바니팔 왕 니네베 왕궁에서 발견된 부조.

고 둥그런 방패를 든 두 명의 전사가 그 뒤를 따르며 단검으로 사자를 찌르려 하고 있지. 수많은 전투에서 승리를 거두고 메소포타미아 지역을 통일한, 용감한 아시리아인을 눈앞에서 보는 것 같아.

말을 타고 달리면서 달려드는 사자의 머리에 창을 찌르는 모습을 담은 부조도 있어. 아시리아인은 본래 사냥꾼의 후손인데다, 왕과 귀족들까지도 매일 사냥을 즐겼다고 해.

메소포타미아 북부에 자리 잡은 아시리아는 매우 오랜 역사를 가진 나라야. 도시를 세우고 번성하게 된 것은 약 기원전 2000년 전부터였다고 해. 현재 이라크 북부 티그리스 강 상류에 모술이라는 작은 도시가 있는데, 이 근처의 아슈르, 니네베 등이 아시리아인의 도시가

투구를 쓴 2명의 아시리아 전사 아슈르바니팔 왕의 왕궁에서 발견된 왕의 사냥 장면을 담고 있는 부조이다. 기원전 645년경에 만들어진 것으로 추정된다.

자리 잡았던 곳이야. 아시리아인은 그들의 도시에 많은 성과 궁전, 신전을 남겼지.

1845년 님루드 지역의 모래 언덕 아래에서 2500년 동안이나 잠들어 있던 아시리아 궁전이 처음 발견되었을 때 사람들은 매우 놀랐어.

아시리아 제국의 최대 영토 아시리아 제국은 이집트를 정복함으로써 오리엔트를 통일했다.

님루드는 성경에 최초의 인류가 살던 곳이라고 나오거든. 이 궁전에서 날개 달린 사자 13쌍과 황소의 조각이 나왔어. 이 조각들은 아시리아인이 믿는 신들로, 궁전 입구와 방들을 지키고 있던 거야. 사람의 얼굴과 동물의 몸을 한 바빌로니아의 신과 매우 닮은 모습이었지.

기원전 8세기 말에 메소포타미아 전역을 통일했던 센나케리브 대왕의 궁전도 니네베에서 발견되었어. 니네베에는 거대한 궁전과 넓은 도로가 있어서 당시의 높은 기술 수준과 센나케리브 왕의 강한 권력을 보여 주지. 이 휘황찬란한 궁전이 티그리스 강에 그림자를 드리우면, 적들은 그 그림자만 보고도 두려워서 달아날 정도였대.

정말 놀라운 것은 센나케리브 궁전에서 발견된 도서관이었지. 그 도서관은 지금처럼 책들로 가득 찬 도서관이 아니라 점토판으로 가득 찬 도서관이었어. 그 옛날에 도서관이 있었다는 사실만으로도 좀 의아한데 점토판으로 가득 찬 도서관이라고 하면 도무지 이해가 안

니네베 궁 도서관의 점토판 아슈르바니팔 도서관에서 가장 유명한 길가메시의 서사시가 적힌 점토판. 메소포타미아 지역에 전해 내려오는 길가메시라는 왕에 대한 설화를 담고 있다.

갈 거야. 그 당시에는 바로 점토판들이 책이었거든. 옛날 메소포타미아 사람들은 점토판에다 갈대로 만든 뾰족한 필기구로 쐐기 모양, 그러니까 조그만 체크 표시 같은 문자를 가로세로로 써서 기록을 남겼어. 무려 3만 권의 점토판 책이 방 2개에 가득했대.

이 도서관에 있는 점토판 책들은 센나케리브의 뒤를 이어 왕위에 오른 아슈르바니팔 왕이 수집한 책들이야. 아슈르바니팔은 매우 지적인 왕이었나 봐. 그는 자기가 정복한 모든 지역에서 책들을 모아와서 베끼도록 했어. 그리고 자신이 읽기 위해 도서관을 지어 보관했던 거야. 책들의 내용은 당시 사람들이 믿었던 미신, 천문학, 수학에 관한 것, 왕의 계보나 역사 기록 등 다양했어. 이 도서관의 책들은 후세 사람들이 메소포타미아 지역의 역사를 이해하는 데 많은 도움을 주고 있어.

인류 문화의 기초를 닦은 수메르인

학자들은 아시리아의 점토판 문자들을 읽고 연구하면서, 쐐기 문자를 만들어 낸 사람들이 아시리아인이나 바빌로니아인보다도 훨씬 먼저 발달된 문화를 가지고 있었던 수메르인이라는 사실을 알아냈어.

유프라테스 강 하구 삼각주 지역에 자리 잡았던 수메르인은 전 세계에서 가장 일찍이 문화를 발달시켰던 민족이야. 수메르인은 기원전 3000년경부터 이미 쐐기 문자를 사용했고, 기원전 4000년경부터 도시를 건설한 것으로 밝혀졌어. 기원전 4000년 당시 세계에서 가장 선진국이었던 수메르는 그 후 전쟁에서 당시 야만족이었던 바빌로니아에게 패했어. 수메르는 비록 전쟁에서는 졌지만 그들의 앞선 문화를 바빌로니아에게 물려주었고, 그것을 바탕으로 바빌론과 같은 거대한 도시를 건설할 수 있었던 거야.

그러니까 수메르는 메소포타미아 문

쐐기 문자 점토판 수메르인이 만든 문자는 약 3000년 동안 메소포타미아 전역에서 사용되었다.

수메르의 모자이크 판 수메르의 수도 우르에 있는 가장 큰 왕의 묘에서 발견된 유물로, 기원전 2550년경의 것으로 추정된다. 승리해 축배를 들고 있는 사람들, 전리품과 동물을 옮기는 모습 등을 그린 것으로 보인다.

수메르인의 저울 셈에 밝았던 수메르인이 저울로 무게를 재는 모습이 표현된 부조이다.

명, 아니 인류 문화의 어머니쯤 된다고 볼 수 있어.

기원전 1700년경에 수메르 땅을 정복하고 바빌로니아 왕국을 세운 함무라비 왕은 커다란 돌기둥에 282가지나 되는 법 조항을 적어 놓았어. '눈에는 눈, 이에는 이'라는 잘 알려진 문구가 담긴 법이야. 다른 사람의 눈을 다치게 하면 똑같이 눈을 상하게 하는 벌을 받을 것이며, 남에게 해를 입힌다면 자기도 그와 똑같은 벌을 받게 될 것임을 뜻하는 문구야. 언뜻 냉혹한 보복만을 앞세우는 것처럼 보이기도 하지. 하지만 알고 보면 국가가 나쁜 짓을 한 사람을 대신 벌주어 사람들끼리 서로 싸우는 것을 막기 위한 법이었어. 이 법의 공정함은 후대에 만들어진 모든 법에 영향을 주었어. 그런데 사실 이 법은 수메르인이 지키던 법과 원칙을 그대로 글로 옮겨 놓은 것이라고 해. 그러니 수메르인이 인류 최초로 법의 씨앗을 뿌린 것이라고 할 수 있지.

바빌로니아의 의술은 청동 칼로 백내장 수술을 할 정도로 매우 발

신에게 기도하는 함무라비 왕
메소포타미아를 통일하여 바빌론
제국을 건설한 왕이다.

달했는데, 이는 수메르인에게 배운 것이라고 해. 또 별을 관찰하고 섬겼던 수메르인 덕분에 바빌로니아의 천문학 역시 높은 수준으로 발달했지. 사실 바빌로니아의 지구라트는 신전이었지만 천문대 역할을 하기도 했어. 바빌로니아 사람들은 달이 지구를 한 바퀴 돌 때 걸리는 시간을 계산했는데, 이 수치는 현대의 기술로 계산한 것과 불과 0.4초밖에 차이가 나지 않는다는구나. 이렇게 시간을 정확하게 계산했던 메소포타미아 사람들은 달이 지구를 도는 것을 기준으로 삼는 태음력을 썼어.

너희는 혹시 시계 판에 숫자가 왜 12개인지, 또 왜 연필은 12개가 한 다스인지 생각해 본 적이 있니? 이것도 수메르인이 물려준 거야. 60초는 1분, 60분은 1시간, 24시간은 하루로 계산했던 방법도 숫자에 밝았던 수메르인이 만들어 낸 거지. 숫자와 셈법에 밝았던 수메르인들이 남긴 유산은 이렇듯 오늘날 우리의 일상생활에까지 큰 영향력을 미치고 있단다.

이제 시계를 볼 때마다 먼 옛날의 수메르인들이 떠오를 것 같지 않니?

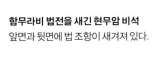

함무라비 법전을 새긴 현무암 비석
앞면과 뒷면에 법 조항이 새겨져 있다.

피라미드의 왕국, 이집트

나폴레옹이 유럽으로 가져간 로제타 스톤

1798년 5월 19일, 프랑스의 장교 나폴레옹(1769~1821)은 328척의 함대에 병사 3만 8000명을 태우고 이집트로 쳐들어갔어. 당시 프랑스는 자유와 평등을 외치는 시민 혁명의 소용돌이에 휩싸여 있었단다. 나폴레옹은 이 혼란기에 유럽의 여러 전쟁터를 누비며 큰 공을 세워 영웅으로 떠오르던 인물이었어. 그러던 차에 프랑스 혁명의 정신을 더 널리 전파하고 유럽을 넘어서는 대제국을 건설하겠다며 이집트 원정 길에 오른 거였지.

나폴레옹의 이집트 원정은 1년 동안이나 계속되었어. 병사들은 전쟁의 고통과 굶주림, 전염병에 시달려야 했지. 태양이 모든 것을 말려 버린 것 같은 뜨거운 사막에서 수시로 불어오는 모래바람 때문에 병사들은 지독한 눈병에 시달렸고, 아예 눈이 멀어 버린 병사도 있었어.

그런데 이렇게 열악한 환경 속에서도 이집트의 유적과 유물을 찾아다니느라 여념이 없는 사람들이 있었어. 나폴레옹이 이집트 원정을 떠날 때 함께 데려간 학자들이었지. 전쟁이 이어지는 동안 175명이나 되는 학자들은 이집트의 유적들을 꼼꼼히 스케치하고, 무수한 유물들을 닥치는 대로 수집했어. 전쟁이 끝난 뒤 그들은 그동안 수집한 그림이며 문서, 조각이 새겨진 돌들을 모두 유럽으로 가져갔어.

　이후 유럽에서는 이집트에 대한 관심이 엄청나게 높아졌단다. 학자들은 너도나도 나폴레옹이 가져간 유물들을 연구하는 일에 빠져들었고, 사람들 사이에는 그 유물들에 얽힌 신비로운 이야기들이 퍼져 나갔어. 어린이들은 고대 이집트에 관한 책을 읽으며 언젠가는 자신이 직접 이집트 문명의 신비를 풀겠다는 꿈을 키웠지.

　고대 이집트의 대표적인 유물인 로제타 스톤도 나폴레옹 원정 때 발굴되어 유럽으로 옮겨진 거야. 1미터가 조금 넘는 높이의 이 검은 비석에는 고대 이집트의 상형 문자를 비롯한 세 가지 문자가 빼곡하게 쓰여 있었지. 유럽의 내로라하는 학자들이 이 비석에 쓰인 문자들을 해독해 내기 위해 애썼지만 한동안은 아무도 이 비밀을 풀 수 없었어. 결국 이 비밀을 푼 사람은 프랑스의 고고학자 장 프랑수아 샹폴리옹(1790~1832)이었

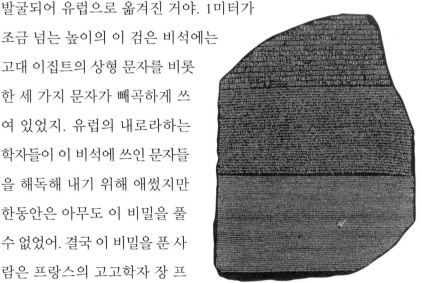

로제타 스톤 1799년 이집트 로제타 마을에서 나폴레옹 군대의 한 장교가 발견한 비석.

어. 샹폴리옹 역시 어려서부터 고고학자의 꿈을 키우며 이집트에 대한 것이라면 뭐든지 알고 싶어 했던 소년이었대. 그는 남다른 노력 끝에 마침내 로제타 스톤에 쓰인 상형 문자를 해독해 냈어. 로제타 비문의 해독은 이집트 문명의 신비를 푸는 데 결정적인 계기가 되었단다.

이렇게 나폴레옹 원정대가 유럽으로 가져간 유물들을 통해 수천 년 동안 전설 속에 잠자던 고대 이집트 문명이 역사 속으로 불려 나오게 되었어. 이집트 역사의 연대표가 만들어지고, 불가사의로만 여겨지던 피라미드의 수수께끼도 조금씩 풀렸지. 그런데 한 가지 우리가 생각해 볼 점이 있어. 유럽인들이 이집트에서 가져다 프랑스며 영

샹폴리옹, 이집트 상형 문자를 해독하다

로제타 스톤의 상형 문자를 해독해 낸 샹폴리옹은 7살 때부터 이집트에 대한 호기심을 품기 시작했어. 그래서 이집트에 대한 책도 많이 읽고, 어려운 외국어뿐만 아니라 고대 이집트어인 곱트어까지 익혔어. 이 곱트어가 상형 문자를 해독해 내는 데 열쇠가 되었단다. 하지만 샹폴리옹은 상형 문자의 비밀을 풀어 낼 때까지 한 번도 이집트에 가 본 적이 없었대. 샹폴리옹이 답사 팀과 함께 다 무너져 토대만 겨우 남은 덴데라의 사원에 갔을 때, 답사를 함께 간 사람들은 어리둥절했다는구나. 이때 샹폴리옹만 돌무더기 위를 이리저리 뛰어다니며 이 방은 무엇을 하던 곳이고, 저 방은 또 무엇을 하던 곳인지 자세히 설명했다고 해. 아마 이때 샹폴리옹의 가슴속에는 무너진 사원 터가 아닌 웅장한 사원의 모습이 온전히 그려지고 있었을 거야.

국의 박물관들을 채운 문화재들은 유럽인들의 것이 아니야. 그렇다고 해서 이집트인들만의 것도 아니야. 바로 인류 공동의 문화유산이지. 하지만 유물은 본래 그것이 있던 자리에 보존되어야만 다른 유물이나 유적들과 함께 역사적인 의미를 더욱 잘 드러낼 수 있는 거란다. 그러니 유럽에 있는 이집트 유물들도 처음에 발견된 장소로 다시 돌려보내야 마땅한 일 아닐까?

거대한 왕의 무덤, 피라미드

이집트는 건조한 사막 지역이야. 비나 눈이 내리는 일도 없고, 천둥이나 번개도 치지 않지. 그런데 이 메마른 황무지에 어떻게 이집트 문명이 건설될 수 있었을까? 바로 나일 강 덕분이란다. 나일 강은 적도 근처에서 시작해 이집트 땅을 가로질러 지중해까지 이어지는 아주 긴 강이야. 오래전부터 이 강물은 해마다 여름이면 꼬박꼬박 흘러넘쳐 주변 땅을 뒤엎어 놓곤 했어. 강둑을 넘어 모래땅 위로 흘러나온 강물이 모래를 삼키고는 그 대신 진흙을 뱉어 놓는 거지. 그리고 홍수 때 시뻘건 물이 고였던 자리에 물

고대 이집트의 영역 '이집트는 나일강의 선물'이라는 말처럼 이집트인들은 나일 강 주변에 모여 살았다.

이 빠지고 나면 새싹이 자랄 수 있는 기름진 땅이 모습을 드러내곤 했어. 수천 년 전부터 사람들은 나일 강 주변의 기름진 땅에 모여들어 곡식을 심고 가꾸며 살았어. 그에 따라 사람들이 많이 모여든 곳에서 도시가 생겨나고 문명이 발달한 거야.

'이집트' 하면 피라미드 이야기를 빼놓을 수 없지. 너희도 사각뿔 모양의 거대한 피라미드 사진을 본 적이 있을 거야. 나일 강 주변에 살던 사람들은 기원전 3000년쯤부터 강력한 왕의 통치를 받게 되었어. 피라미드는 바로 그들을 위한 무덤이자 사원이었어. 지금의 이집트 수도인 카이로 근처에만 67개의 피라미드가 서 있는데, 그중 가장 큰 것이 기자의 피라미드야. 피라미드 바닥의 사각형 한 변의 길이가 223미터나 되고, 꼭대기까지의 높이는 142미터나 된대. 이 피라미드를 지으려면 약 2.5톤짜리 돌덩이가 230만여 개나 필요했다고 해.

무덤의 제단 앞에 조각했던 문
이승과 저승을 잇는 문으로, 이집트인들은 죽은 자의 영혼이 드나든다고 믿었다. 이름과 지위, 양식 등을 새겨 놓았다.

무덤 속에 넣는 인형
이집트인들은 무덤 속에 '샵티'라는 작은 조각상들을 넣었다. 그들은 사후 세계에서 샵티가 죽은 자의 종이 되어 힘든 일을 대신해 줄 거라고 믿었다.

이 거대하고도 정교한 건축물을 지금부터 약 4500년 전 사람들이 맨손으로 쌓아 올렸다는 사실을 믿을 수 있겠니? 그래서 피라미드가 세계 7대 불가사의 중 하나로 꼽히나 봐.

피라미드의 신비로움은 여기서 그치지 않는단다. 이 거대한 묘소와 사원은 모두 상형 문자로 뒤덮여 있어. 사원과 묘지의 벽, 관과 비석, 신과 인간의 조각상, 상자와 진흙 그릇에까지도 빠짐없이 글자들이 쓰여 있지. 그중에는 사람이나 동물, 식물, 열매, 무기를 본뜬 글자도 있고, 파도 모양의 선이나 기하학적인 형태의 도형도 있어. 이런 글자가 얼마나 많은지, 만약 한 사원 안의 비석들에 새겨진 글자들만 베껴 쓴다고 해도 20년이 넘게 걸릴 거래. 그것도 하루 종일 쉬지 않고 쓴다고 가정할 때 말이야.

피라미드는 어떻게 만들어졌을까?

고대 이집트인들은 기계 하나 없이 어떻게 그 거대한 피라미드를 만들어 낸 걸까?

이집트의 신비에 마음을 빼앗긴 또 한 명의 소년, 영국의 페트리(1853~1942)는 피라미드에 큰 관심을 갖고 있었어. 그는 이미 10살 때부터 이집트 유적 발굴에 흥미를 느껴서 평생 동안 그 일을 하겠다고 결심했대. 어른이 된 페트리는 결국 닭장처럼 후덥지근하고 진짜 닭똥들이 가득한 기자의 피라미드 안에 들어가 생활하며 피라미드의 비밀을 밝히는 데 온 정성을 쏟았어. 그 덕분에 수천 년 전 이집트 사회의 윤곽이 조금씩 드러나게 되었지.

지금부터 약 4500년 전, 이집트에는 힘센 파라오 쿠푸가 살았어. 파라오는 이집트의 왕을 부르던 이름이었지. 쿠푸는 자신이 죽은 뒤에 영원히 쉴 피라미드를 짓기 위해 나일 강 주변 여러 지역에서 일꾼들을 불러 모았어. 힘없는 백성들은 하늘을 찌를 듯한 권력을 가진 파라오의 부역 명령에 순순히 따를 수밖에 없었지. 이집트 곳곳에서 10만 명도 넘는 일꾼들이 기자를 향해 모여들었고, 곧 어마어마한 대공사가 시작되었단다. 일꾼들은 나일 강 상류에서 가로, 세로, 높이 모두 1미터가 넘는 커다란 돌덩이들을 구해 배로 실어 날랐어. 강가에 다다라서는 돌들을 썰매에 실은 뒤 일일이 끌어 옮겼지. 기계는커녕 가축 한 마리의 힘도 보태지 않고, 오직 일꾼들의 힘만으로 230만 개의 돌덩이가 운반된 거야.

쿠푸 왕이 이렇게 넓은 지역에서 많은 일꾼을 동원할 수 있었던 것은 그가 막강한 권력을 가지고 있었기 때문이야. 쿠푸 왕은 지금의 케냐에서 시작해 수단을 거쳐 이집트 지역을 흐르는 긴 강인 나일 강

기자의 스핑크스와 피라미드 기자의 세 피라미드 중 두 번째로 큰 카프레 왕의 피라미드. 그 앞을 사람의 머리와 사자의 몸을 한 스핑크스가 지키고 있다.

유역 전체를 지배하는 파라오였어. 쿠푸 왕이 이렇게 넓은 지역을 지배할 수 있었던 것은 그가 나일 강의 물줄기를 통제하는 힘을 가지고 있었기 때문이란다. 나일 강 주변 지역 사람들은 나일 강이 넘칠 때 그 물을 끌어와야만 농사를 지을 수 있었거든. 만일 상류 지역에서 물길을 내고 강의 물을 모두 끌어다 쓴다면 하류 지역 사람들은 농사를 지을 수 없어. 그러니 물길을 관리하고 물을 분배하는 파라오는 이들의 목숨을 쥐락펴락할 수 있는 신과 같은 존재였지. 이집트 사람들은 파라오가 죽으면 신이 되어 나일 강에 생명수가 넘치게 하고, 곡식들이 잘 자랄 수 있는 힘을 준다고 믿었어. 그래서 파라오가 신이 되어 머무를 피라미드를 짓는 데 드는 고통스러운 희생도 받아들일 수 있었던 거야.

한번 상상해 보렴. 하나에 2.5톤이 넘는 육중한 돌덩이들을 밧줄에 묶어 끌고 가는 지친 사람들의 모습을. 그 엄청난 무게 때문에 밧줄은 사람들의 살갗을 파고들었을 거야. 사람들의 몸에서 배어 나온 피가 밧줄을 붉게 물들였을 거고. 지쳐 쓰러지는 사람은 또 얼마나 많았을까. 그들에게는 여지없이 감독관이 채찍질을 퍼부었을 거야. 그러기를 자그마치 20년, 쿠푸의 피라미드는 수천 명 일꾼들의 목숨을 앗아간 뒤에야 완성되었단다.

이집트인들은 왜 피라미드와 미라를 만들었을까?

그렇다면 파라오들은 왜 그토록 많은 사람이 20년씩이나 희생해야만 지을 수 있는 죽음의 집을 지으려 한 걸까? 고대 이집트인들은 사후 세

오시리스 상

계, 곧 죽은 뒤의 세상이 있다고 믿었어.

　사람의 몸은 죽어도 '생명력'은 그대로 살아남아 땅에서 곡식이 자라게 하고, 죽은 사람을 부활하게도 한다고 생각했던 거지. 나일 강변의 곡식 농사에 생계가 달려 있던 이집트 사람들에게 죽은 사람들의 생명력은 소중한 것이었고, 그중에서도 가장 센 것이 파라오의 생명력이었어. 파라오들은 죽어서 신으로 부활하고, 나일 강의 물줄기를 지배한다고 믿었기 때문이야. 파라오들이 죽어서 그 강한 생명력을 땅에 되돌려 주면 풍요로운 수확을 할 수 있으리라고 생각했던 거지.

　그런데 죽은 파라오가 신으로 부활하려면 피라미드가 필요했어. 이집트 사람들이 믿었던 신앙에 따르면 사람이 죽으면 죽음의 신 오시리스가 죽은 자를 심사하는데, 그 심사를 통과한 사람만이 죽은 자들의 세상에서 살도록 허락받는다는 거야. 이때 오시리스의 허락을 받으려면, 죽은 다음의 세상에서 살아가는 데 필요한 모든 것들을 가지고 있어야 한대. 집과 먹을 것, 마실 것, 침대와 하인도. 그래서 파라오들은 피라미드를 짓고, 그 안에 황금 왕좌와 침대, 왕관과 보석을 채워 넣었던 거지. 살아서 쓰던 모든 것들을 죽을 때 가지고 가려 했던 거야.

　죽은 뒤를 위해 준비해야 할 것은 또 있었어. 죽어서 새 생명을 얻기 위해 무엇보다 중요한 것은 죽음의 순간에 잠시 육체를 떠났던 영혼이 다시 돌아가 깃들 몸이었어. 그래서 자신의 죽은 몸을 고스란히 보존하기 위해 썩지 않는 미라로 만들게 했던 거야.

파라오도 무서워한 무덤 도둑들

거대한 죽음의 집을 지은 파라오의 영혼들은 죽은 뒤 자신들의 몸을 찾아 편안하게 쉴 수 있었을까? 역사를 보면 그렇지 못했던 것 같아.

수십 년에 걸쳐 왕의 무덤을 만드는 일은 많은 이집트인의 희생을 요구했어. 일꾼으로 동원된 사람들은 가족들과 헤어져 고된 노동을 해야 했고, 공사장에서 죽어 갔어. 또 피라미드 안에 넣을 보석이며 죽은 왕에게 바칠 제물을 마련하느라 많은 세금에 시달리기도 했지. 피라미드를 짓느라 국고를 탕진한 이집트 제국은 세력이 약해졌고, 백성들은 점차 가난해졌어. 가난한 백성들은 어떻게든 살길을 찾아야 했어. 그들은 왕의 무덤에서 보물을 훔쳐 내기 시작했지. 무덤 도둑들은 보물을 훔치느라 관을 뜯고, 미라를 감쌌던 천을 찢었어. 그러면 공기에 노출된 파라오의 미라는 한 줌의 재로 변해 버렸지. 파라오의 미라와 신의 보호를 받는 죽음의 궁전을 더 이상 신성하게 여기지 않았던 거야.

▲ 파라오의 흉상
▶ 관 속에 누워 있는 람세스 2세의 미라와 관 뚜껑

사자의 서 이집트인들이 죽은 자를 위해 무덤에 넣어 준 죽음의 세계에 대한 안내서. 파피루스 위에 기록된 글과 그림은 죽은 자가 죽음의 신 앞에서 거쳐야 하는 절차를 설명하고, 필요한 주문들을 적어 놓았다.

　　고대 이집트의 왕들은 피라미드를 요새처럼 짓고, 입구를 숨겨 놓기도 했어. 내부에는 꼬불꼬불한 미로를 만들어 가장 안쪽에 자신들의 시체를 보관하게 했지. 하지만 그것만으로는 무덤 도둑들을 막을 수 없었어. 무덤 안에는 값진 보물들이 가득했으니까. 무덤 도둑은 갈수록 많아졌고 도둑질의 방식도 더욱 대담해져 갔어. 심지어 수백 년 동안 마을 사람 대부분이 무덤 도둑질을 직업으로 삼았던 마을도 있을 정도였대.

　　이집트의 왕들도 무덤 도둑이 판친다는 사실을 알게 되었어. 아무리 튼튼한 피라미드도 자신들의 죽은 몸과 보물들을 안전하게 지켜 주지 못한다는 사실을 깨달았지. 도둑들이 자신의 미라를 망쳐 버릴까 봐 걱정하던 투트메스 1세는 고민 끝에 새로운 방식을 찾아냈어.

거대한 피라미드와 제단을 포기하고 미라만이라도 안전하게 보관할
수 있는 방법을 생각한 거야. 나일 강 중류, 당시 수도였던 테베 근처
돌산 절벽에 구멍을 뚫고 그곳에 무덤을 만드는 것이었어. 겉에서는
전혀 무덤처럼 보이지 않도록 했고, 특히 입구가 드러나지 않도록 각
별히 신경을 썼지. 지금은 이곳을 '왕들의 계곡'이라고 불러. 그 뒤로
수백 년 동안 이집트의 파라오들은 도둑들의 손길을 피하기 위해 이
런 방법으로 무덤을 만들었어.

  그러나 이 방법도 도둑을 끝까지 막지는 못했어. 고대 이집트 유적
에서 발굴된 약 3000년 전의 재판 기록에는 이 무덤 도둑에 관한 내
용이 있어. 도둑들이 절벽 안에 숨겨진 파라오의 관을 열자 온몸이
금으로 뒤덮인 미라가 나왔대. 그 위에 다시 보석 장식이 박혀 있고,
목에는 또 다른 금장식들이 수도 없이 걸려 있었다는구나. 그들은
그 덮개를 뜯어내고 미라를 태워 버렸다고 진술하고 있어.

  파라오들은 어떻게든 자신의 시신을 감추고 싶어 했지만, 미라
를 너무나 호화롭게 치장한 나머지 도둑을 피할 수 없었지. 이렇게
무덤 도둑들이 갈수록 극성을 떨자, 충성스런 신하들은 도둑을 피
해 파라오의 미라를 수시로 옮기기도 했대. 죽은 뒤 새로운 세상에
서 편안한 휴식을 취하려던 파라오들이 도둑을 피해 여기저기 떠돌
아다니는 신세가 되어 버린 거야. 너무나 많은 사람을 희생시키면서
죽은 뒤에도 혼자만 부귀영화를 누리려고 했던 이집트 왕들의 꿈은
이렇게 허망한 욕심으로 끝나고 말았어.

설계도와 달력이 있었던 나라

수천 년 전의 피라미드가 우리에게 알려 주는 것이 또 있어. 그것은 당시 사람들의 놀라운 건축 기술 수준이야. 발전된 건축 기술이 없다면 제아무리 많은 일꾼을 동원한다고 해도 그토록 거대한 건축물을 만들어 낼 수는 없었을 테니까.

2.5톤이나 되는 돌덩이들을 200만 개도 넘게 쌓아 올리고, 그 안에 복잡한 미로와 정교한 방들을 만들려면 필요한 게 한둘이 아니야. 측량 기술은 기본이고, 높은 수준의 기하학과 산술도 뒷받침되어야 하지. 피라미드는 이 모든 지식과 기술을 포함하고 있는 자세한 설계도에 따라 만들어졌어. 수천 년 전의 고대 사회인데도 기술 수준은 현대의 우리도 놀랄 정도로 높았던 거지.

기원전 4500년 전의 것으로 밝혀진 한 이집트 귀족의 무덤 벽에는

이집트인들의 생활 이집트인들은 고왕국 시대부터 밀가루에 효모, 소금, 향료 등을 넣어 빵을 만들어 먹었다. 무화과, 대추야자, 포도 등 과일도 먹었으며 맥주도 만들어 마셨다.

수공예품을 만드는 농부

맥주를 빚는 농부의 아내

빵 반죽을 주무르는 농부

당시 사람들의 생활 모습이 조각되어 있어. 그중에는 배를 만드는 장면이 있는데, 사람들이 톱과 도끼, 나사송곳 같은 다양한 도구를 사용하는 모습을 확인할 수 있지. 그런가 하면 금을 제련하는 사람, 돌을 다듬는 사람, 가죽을 가공하는 사람도 있어. 화덕의 온도를 높이기 위해 바람을 불어넣고 있는 장면도 있지. 이로 미루어 보면 사람들의 직업도 매우 복잡하게 분화되어 있었던 게 틀림없어. 수천 년 전의 고대 사회인데도 지금 우리가 살아가는 현대 사회와 비슷한 점이 있지 않니?

이집트인들이 상당히 과학적이었다는 증거는 또 있어. 현재 우리가 쓰는 시간은 1년을 365일로 정하고 있어. 지구가 태양의 주위를 한 바퀴 도는 데 걸리는 시간인 365일을 1년으로 삼은 거지. 이 365일을 처음 계산해 냈던 사람들이 바로 이집트인이었어. 그들은 해마다 여름이면 나일 강이 흘러넘치는 시기를 정확히 알아내기 위해 태양과 별들의 움직임을 관찰했어. 그래야 강이 넘치는 시기를 예측해 홍수에 대비하고 농사 일정을 맞출 수 있었거든. 이렇게 천문학을 발달시킨 이집트인들은 달력도 만들어 사용했어. 물론 지금 우리가 사용하는 1년 계산법은 이집트인들이 쓰던 것 그대로가 아니라 후대에 조금씩 보완한 거란다.

황소 무덤으로 이어진 스핑크스의 길

죽음에 대한 신앙으로 미라와 피라미드를 남겨 놓은 이집트인들은 여러 신을 섬겼어. 농사에 관계되는 태양신 '라'와 나일 강의 신도 섬겼고, 각 도시에도 수호신이 있었어. 이런 신들은 저마다 동물이나 식물의 모습을 하고 있었단다.

실제로 존재하는 동물을 신으로 모신 경우도 있었어. 가장 대표적인 것이 황소의 신 '아피스'야. 이집트의 성직자들은 사원에 황소를 두고 신처럼 받들며 시중을 들었어. 황소가 죽으면 미라로 만들어 성대한 장례식을 치르고 매장해 주었지. 그들은 이 신성한 동물을 매장하기 위해 왕의 무덤과 다름없이 웅장한 무덤을 만들었다고 해.

카이로 근처에 있는 사카라의 폐허에서는 141개의 커다란 스핑크스가 발굴된 적이 있어. 이 스핑크스들이 가로수처럼 양옆으로 줄지어 늘어선 길을 따라가면 거대한

스핑크스의 길 테베의 대신전과 카르나크를 이어 주는 도로 연변에 스핑크스 조각상이 늘어서 있다. 기원전 4세기 신왕국 시기에 건설되었다.

황소의 상

황소 무덤과 사원으로 연결돼. 황소들의 무덤이 있는 지하실 입구의 제사용 제실은 이집트 귀족들의 것과 맞먹는 규모였어. 이 제실 뒤쪽으로 긴 통로가 있는데, 바로 이곳이 소의 관을 넣어 둔 장소야. 그 통로의 길이는 340미터나 되었지. 게다가 황소를 눕힌 관은 또 얼마나 컸겠니? 황소의 관은 높이가 3미터, 너비가 2미터, 길이가 4미터 되는 커다란 돌덩이를 파내 만든 것이었대. 황소의 관은 반짝반짝 윤이 나는 검은색과 붉은색 돌로 만들어져 있었어. 상상해 보면 꽤 으스스한 느낌이 나는 광경이지?

이집트 사람들은 왜 그렇게 죽음에 집착했던 걸까? 왜 황소를 사람들의 삶에 도움이 되도록 이용하지 않고 신으로 떠받들기만 했을까? 무덤까지 만들어 준 이유는 무엇일까? 아직 밝혀지진 않았지만 분명히 이유가 있을 거야. 그 이유가 궁금하지 않니? 역사 공부에서 이렇게 의문을 갖는 것은 아주 좋은 태도야. 궁금증을 이리저리 풀어 나가다 보면 당시 사람들의 생각에 조금 더 다가설 수 있게 되고, 그것이 바로 역사를 이해할 수 있는 길이니까.

황금 파라오 '투탕카멘'

1922년 말, 고대 이집트 '왕들의 계곡'에서 세계를 놀라게 할 커다란 무덤이 발견되었어. 무덤에서는 순금과 진기한 보석으로 만든 부장품들이 쏟아져 나왔어. 이 무덤의 주인은 고대 이집트의 파라오였던 투탕카멘이야.

'왕들의 계곡'은 기원전 16세기부터 기원전 11세기까지 파라오들이 도둑들을 피하려고 계곡 안쪽에 굴을 파고 무덤을 만들었던 곳이야. 하지만 이곳은 무덤이 만들어졌던 당시부터 파헤쳐졌고, 무덤의 보물들은 약탈당해 왔어. 유럽인들이 이집트를 식민지로 만든 이후에 유럽의 고고학자들이 샅샅이 뒤지며 발굴을 했던 지역이기도 해. 그래서 1917년 영국인 고고학자 호와드 카터가 이집트 당국에 이 지역 발굴 허가권을 신청했을 때는, 고고학자들과 이집트 정부 모두 그 지역에 더 이상 발굴할 무덤이 남아 있지 않을 거라고 생각했어.

투탕카멘 발굴 장면

하지만 그 계곡에서 지금까지 발견된 파라오의 무덤 중 가장 손상이 안 된 채로, 황금과 보석으로 눈부시게 치장된 투탕카멘의 죽음의 궁전이 발견된 거야. 발굴자들이 무덤의 봉인을 뜯고 들어가 처음 발견한 것은 조각된 벽 앞에 있는 금빛 장의자와 옥좌였는데, 이것들은 지금까지 벽화에서만 본 것들이었어. 발굴자들은 무덤 안의 광경에 넋을 잃었어. 금과 보석으로 만들어진 매

장품들이 방안 가득했을 뿐 아니라 이것들은 한눈에 보아도 예술적 가치
가 뛰어난 것들이었기 때문이야. 매장품들은 지금까지 발굴된 이집트의
다른 조각이나 벽화와는 다른 독특한 양식을 띠었는데, 이집트 미술사상
가장 아름다운 예술품에 속했단다. 입구의 봉인을 뜯고 만난 첫 번째 방(전
실)에는 금은보화가 가득 실린 4개의 마차도 있어서, 이 방에서만 궤짝 34
개 분량의 순금과 보석이 나왔다고 해.

    19세에 요절한 소년 파라오 투탕카멘은 또 다른 방(현실)에 잠들어 있
었어. 그의 미라는 거대한 안치대 위에 놓인 관 속에서 발견되었어. 길이
5미터, 너비 3.3미터, 높이 2.73미터나 되는 안치대는 완전히 금을 입힌 호
화로운 것이었단다. 그런데 몇 겹으로 봉해진 관을 뜯고 관 뚜껑을 열었을
때, 사람들을 흥분시킨 건 정작 미라가 아니라 시신을 덮고 있던
황금판이었어. 황금판 위에는 소년 왕의 모습이 그대로 새
겨져 있었는데, 이것은 마치 주물 공장에서 바로 찍어 낸
것처럼 번쩍번쩍 빛나고 있었대.

▲ 황금 의자에 새겨진 투탕카멘과 왕비
▶ 투탕카멘 왕의 황금 관

투탕카멘의 무덤을 발견하고 그 많은 보물을 꺼내는 데는 여러 해가 걸렸다고 해. 보물들을 고이 꺼내기 위해 많은 전문가가 동원되었고, 그 과정에서 많은 연구가 진행되었어. 투탕카멘의 무덤은 고고학 사상 최초로 체계적인 발굴이 이루어진 무덤이었고, 이 위대한 발견은 고고학과 이집트학의 발전에 큰 영향을 미쳤지.

투탕카멘은 고대 이집트 신왕국 18왕조의 파라오로, 기원전 1333년에 9살의 나이로 즉위해 10년 동안 통치하고 요절했단다. 그는 고대 이집트 역사상 최대의 개혁을 주도했던 이크나톤의 뒤를 이어 파라오가 되었어. 이크나톤은 이집트 제국이 가장 넓은 영토를 차지했던 전성기에 파라오에 즉위했기 때문에 제국 내 여러 민족을 통치할 수 있는 강력한 권력을 거머쥐려 했어. 그러나 당시 수도였던 테베 지역의 아몬 신을 섬기는 사제들의 세력이 만만치 않았어. 이집트 왕조가 오랜 동안 아몬 숭배를 전통으로 삼아 왔기 때문에 이 사제들의 영향력은 대단했지. 이크나톤은 사제들의 세력을 물리치고 왕권을 강화하기 위해 대대적인 종교 개혁을 시도했어. 전통적인 신 아몬을 버리고 태양신 아텐을 숭배하도록 바꾸고, 수백 년 동안 이집트의 수도였던 테

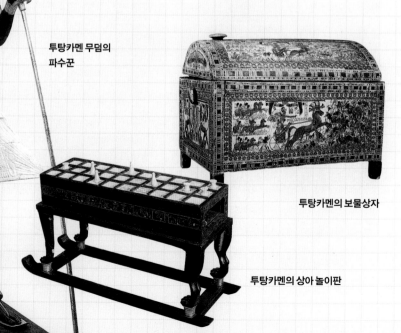

투탕카멘 무덤의
파수꾼

투탕카멘의 보물상자

투탕카멘의 상아 놀이판

베에서 텔 엘 아마르나로 옮겨 갔어. 그러나 그의 급진적인 개혁은 사제들의 반발을 샀고, 각지에서 반란이 일어나 결국 제국은 약화되고 말았어. 그래서 그가 죽고 투탕카멘이 9살이라는 어린 나이에 파라오가 되자 모든 것이 예전으로 되돌아갔지. 테베는 다시 수도가 되었고, 종교도 아몬 숭배로 돌아왔어.

지금도 투탕카멘의 무덤은 미라를 대상으로 그의 가족 관계와 죽음의 원인에 대한 연구가 진행되고 있어. 2008년에는 투탕카멘과 그의 가족 미라에 대한 유전자 감식을 했어. 그 결과 투탕카멘은 이크나톤의 사위가 아니라 아들이었던 것으로 밝혀졌어. 또 그의 어머니가 이크나톤의 여자 형제 중 하나였다는 거야. 이렇게 남매 사이에서 태어난 투탕카멘은 근친혼에서 흔히 나타나는 유전적인 결함들을 지니고 있었어. 그는 언청이였고, 뼈에도 기형이 있었대. 이런 결함들이 그의 죽음의 직접적인 원인은 아니지만, 여러 다른 원인과 결합되어 19세라는 이른 나이에 죽음에 이른 것은 아닐까?

투탕카멘의 무덤은 발굴 당시부터 전 세계인의 주목을 끌었고, 해외 전시 나들이도 많이 다녔어. 1972년 영국 런던을 시작으로 해외 전시를 할 때마다 수백 만 명의 관람객들이 전시회장을 찾았지. 이런 인기 때문인지 투탕카멘의 무덤에 대한 소문도 많았어. '파라오의 저주'라고 알려진 소문인데, 이 무덤의 발굴자들이 파라오의 저주를 받아 모두 일찍 죽었다는 거야. 관련된 내용의 영화와 다큐멘터리가 나오기도 했고, 실제로 그들이 무덤의 봉인을 뜯고 들어갈 때 그곳에서 마신 공기 속에 치명적인 박테리아가 있어서 그들을 죽음으로 몰고 갔다는 그럴듯한 과학적인 설명도 덧붙여졌지. 그러나 최근 연구 결과, 발굴자들의 죽음은 무덤 발굴과는 상관없는 것이었다고 해.

2

고대 지중해 세계

전설이 현실로,
에게 문명

에게 해 주변에서 피어난 도시 문명

기원전 8세기 고대 그리스 사람들 사이에는 아주 오래전부터 전해 내려오던 옛날이야기가 있었어. 그것은 그리스와 그 앞바다인 에게 해 주변 많은 섬을 무대로 펼쳐졌던 전쟁과 영웅들의 이야기였지. 이 흥미진진한 이야기는 그 뒤 2000년이 넘는 세월 동안 후대로 전해지면서 많은 사람에게 감동을 주었어. 하지만 불과 100여 년 전인 19세기 후반까지도 사람들은 이 이야기의 내용이 사실이라고는 생각하지 않았어. 그저 옛날 그리스 사람들이 꾸며 낸 전설 정도로만 생각했지.

하지만 1870년, 그 이야기의 중심인 트로이 유적이 발굴되면서 전설은 역사가 되었어. 유적이 발굴되면서 트로이가 실제로 존재했던 도시이고, 트로이 전쟁도 기원전 1250년경에 실제로 벌어졌던 전쟁이라는 것이 밝혀진 거야. 그래서 이 도시와 전쟁을 벌이고 결국 이

64

에게 해의 도시 국가 미케네, 크레타 문명이 꽃피며 여러 도시 국가가 발전하였다.

도시를 멸망시켰던 에게 해 지역의 왕국들도 실제 역사 속에 존재했던 것으로 확인되었지.

그 뒤 많은 학자의 노력으로 기원전 3000년경부터 기원전 1000년경까지 에게 해의 여러 섬과 그리스 반도 해안 지역에서 화려한 도시들이 번성했다는 사실이 밝혀졌어. 당시 그리스 본토와 에게 해 연안에는 문명이 아주 높은 수준까지 발달한 작은 나라들이 있었고, 그리스 앞바다의 섬인 크레타와 그리스 반도의 미케네가 그 중심지였다는 거야. 이들은 지중해를 가로질러 이집트나 메소포타미아 지역의 여러 도시와 무역을 하면서 그들의 선진 문명을 받아들이고, 자신들의 문명을 발전시켰어. 에게 해 지역 도시들은 이집트나 메소포타미아 지역 도시들과는 달리 매우 밝고 자유롭고 사치스러운 분위기였다고 해. 이렇게 에게 해 주변에서 발달한 고대 도시 문명을 '에게 문명'이라고 부른단다.

트로이 목마의 전설

에게 문명의 비밀을 밝히는 데 열쇠가 되어 준 것은 트로이 목마의 전설이었어. 워낙 유명한 이야기니, 너희도 들어 본 적이 있을 거야.

옛날, 황금빛 햇살이 드리우는 바닷가에 고대 도시가 있었어. 에게 해 동쪽 소아시아 지역에 자리한 트로이였지. 트로이에는 프리아모스 왕의 아름다운 궁전이 있었어. 궁전에서는 에게 해의 짙푸른 바다와 섬들의 아름다운 모습을 바라다볼 수 있었단다. 트로이 사람들은 이 바다를 오가며 그리스 본토의 여러 나라와 무역을 했어.

트로이의 여전사 펜테실레이아를 죽이는 아킬레우스 기원전 540 ~ 기원전 530년경에 제작된 그리스 도자기에 그려진 그림.

프리아모스에게는 파리스라는 아들이 있었는데, 이 젊은 왕자는 한 아름다운 여인을 사랑하게 되었어. 그리스 본토에 있는 스파르타 왕국의 왕비 헬레네였지. 파리스는 자신의 사랑을 이루기 위해 큰 모험을 했어. 남편 몰래 헬레네 왕비를 트로이로 데려간 거야. 이 사실을 안 스파르타 왕 메넬라오스는 화가 나서 트로이를 공격해야겠다고 결심했어. 그는 우선 형인 아가멤논에게 자신의 뜻을 알렸어. 아가멤논은 당시 그리스에서 가장 힘센 나라였던 미케네의 왕이었어.

아가멤논은 트로이를 공격하기 위해 군사를 모았어. 아가멤논을 따르는 그리스 작은 나라의 왕들과 섬나라 장군들이 모여들었고, 이타카 왕국의 오디세우스와 여신 테티스의 아들 아킬레우스도 아가멤논을 따르기로 했어. 이렇게 조직된 그리스 연합군이 드디어

아킬레우스와 파트로클로스 기원전 500년경의 꽃병에 그려진 그림. 활에 맞은 파트로클로스의 팔에 아킬레우스가 붕대를 감아 주고 있다.

트로이로 쳐들어갔지. 트로이 사람들은 성문을 굳게 닫고 그리스군에 맞섰어. 전쟁은 오랫동안 계속되었고, 어떤 때는 그리스군이 잠시 승리를 거두기도 했지만, 또 어떤 때는 트로이군에게 쫓겨 해변으로 밀려나기도 했어. 전쟁이 이어지는 동안 신들까지 거들며 이쪽 편을 들기도 하고 저쪽 편을 들기도 했대.

프리아모스 왕의 또 다른 아들 헥토르는 용감한 전사였어. 그런데 전쟁 중에 아킬레우스의 친구인 파트로클로스가 헥토르의 창에 맞아 죽은 일이 있었어. 이때 화가 난 아킬레우스는 헥토르의 뒤를 쫓아갔대. 성벽을 돌아 도망치던 헥토르는 결국 아킬레우스의 단검에 맞아 죽고 말았지. 아킬레우스는 죽은 헥토르의 발목을 말이 끄는 전차에 묶은 채로 프리아모스의 성을 세 바퀴나 돌았다고 해.

하지만 이렇게 용맹했던 아킬레우스도 결국 파리스의 화살을 맞고

숨겼어. 화살이 아킬레우스의 유일한 약점인 발뒤꿈치를 명중시켰기 때문이야. 아킬레우스의 어머니인 테티스 여신은 아들을 죽지 않는 불사신으로 만들기 위해 아킬레우스의 온몸을 저승의 강물에 담가 목욕시켰대. 그런데 이때 두 손으로 아들의 발뒤꿈치를 잡아 거꾸로 들고 강물에 담갔기 때문에 그곳만은 여느 사람과 똑같이 상처를 입을 수 있었던 거지.

어느덧 전쟁이 시작된 지 10년이라는 세월이 흘렀어. 이때 머리 좋은 오디세우스가 전쟁을 끝낼 수 있는 꾀를 냈어. 오디세우스는 아주 커다란 목마를 만들어 그 안에 그리스 병사들을 숨겼어. 그러고는 목마를 트로이 성 앞 바닷가에 남겨 두고 나머지 병사들은 배를 타고 떠나도록 했어. 트로이 병사들은 성벽 위에서 그리스 배들이 떠나가는 모습을 보면서 전쟁이 끝났다고 생각하며 방심했지. 그들은 성문을 열고 바닷가에 세워진 이상한 목마를 성안으로 끌어왔어.

◀ **트로이의 목마** 트로이의 목마를 끌고 가고 있다. 1773년 베네치아의 화가 도미니코 티폴로가 그린 그림.
▼ **트로이 목마의 복제물** 고대 도자기에 그려진 트로이 목마 형상을 본떠 만든 것이다.

그날 밤, 트로이 사람들이 잠들자 목마 속에 숨어 있던 그리스 병사들이 밖으로 나왔어. 그들은 성문을 열어 나머지 병사들도 불러들였지. 그리스 병사들은 트로이 사람들의 눈을 속이기 위해 전쟁을 포기하고 떠나는 척하고는 곧 몰래 되돌아온 거였어. 트로이는 삽시간에 파괴되었고, 이로써 그리스군은 완전히 승리를 거두었단다.

전설이 역사로 밝혀지다

트로이의 목마 이야기가 그리스 사람들 사이에 전해 내려온 것은 〈일리아드〉와 〈오디세이〉라는 긴 서사시를 통해서야. 그리스 사람들은 이 아름다운 시를 사랑했고, 축제 때면 큰 소리로 읊기도 했어. 19세기 후반까지만 해도 사람들은 기원전 700년경 호메로스가 지었다고 하는 이 시를 꾸며 낸 이야기로만 생각했어. 아주 오랜 옛날, 글자도 없던 시대의 이야기인데다 신들까지 등장하기 때문이지.

이렇게 전설 속에서나 존재했던 에게 문명이 실제 역사로 드러난 과정은 마치 한 편의 동화를 보는 듯하단다. 슐리만(1822~1890)이라는 독일 소년이 있었어. 슐리만은 어릴 때 역사책에서 소아시아 지역에 아름다운 궁전을 가진 트로이라는 왕국이 있었다는 이야기를 읽었지. 전설 같은 이야기였지만, 슐리만은 나중에 어른이 되면 꼭 자기 손으로 트로이를 발굴하겠다고 마음먹었어. 어려운 환경을 딛고 성장한 슐리만은 1870년에 마침내 트로이 유적을 발굴해 냈어. 이렇게 해서 슐리만의 어릴 때 꿈은 현실이 되었고, 전설의 도시 트로이는 역사 속에 모습을 드러냈단다.

그 뒤로 그리스 본토와 트로이에 발달된 도시들이 여럿 있었고, 트로이 전쟁도 실제로 벌어진 전쟁이었음이 밝혀졌어. 그뿐만 아니라 트로이의 발굴은 기원전 2000년경, 더 거슬러 올라가 기원전 3000년경에 그리스 반도와 주변 섬들에 매우 발달한 청동기 문명이 존재했다는 사실도 알려 주었어. 트로이 발굴이 계기가 되어 에게 문명에 대한 연구가 본격적으로 시작되었단다.

미케네 문명의 황금 마스크

트로이 전쟁의 베일이 벗겨지자, 이 전쟁을 통해 트로이를 멸망시킨 아가멤논 왕의 미케네 유적도 발굴되었어. 호메로스가 '황금의 미케네'라고 불렀던 것처럼 미케네에는 많은 황금 유적이 있었어. 여섯 기의 무덤에서는 트로이의 유물들보다 더 화려한 금, 은, 상아로 된 보물들이 발견되었는데, 그중 가장 훌륭한 것은 황금 마스크와 가슴받이 갑옷이었어. 이 유물을 '아가멤논의 황금 마스크'라고 불렀는데, 실제로는 아가멤논 왕보다 200년 전에 살았던 왕의 가면이라는 사실이 밝혀졌지. 지금 이 유물은 그리스의 아테네 박물관에 보관되어 있단다.

이후 다른 지역에 대한 발굴과 연구가 활발히 이루어져 기원전 2000년 무렵에는 그리스 반도와 주변 섬에 매우 발달한 청동기 문명을 가진 사람들이 살고 있었고, 미케네가 그 중심이었다는 사실이 드러났어. 그래서 이 문명을 '미케네 문명'이라고 불러. 미케네 문명의 주인공은 그

아가멤논의 황금 마스크
슐리만이 미케네에서 발굴했다.

리스어를 쓰는 그리스인의 조상 중에서 제일 처음 그리스 반도로 내려온 아카이아인들이야. 역사가들은 트로이 전쟁이 일어났던 기원전 13세기 중엽에 미케네를 중심으로 한 그리스 반도 쪽 나라들의 힘이 강해져서 트로이가 있던 바다 건너 소아시아 지역까지 정복한 것으로 생각하고 있어.

아가멤논은 적들의 침입을 막기 위해 미케네에 튼튼한 성을 쌓았어. 그 성은 거대하고 성벽도 무척 두꺼워서 '키클롭스'라는 거인이 쌓았다는 이야기가 전해지고 있지. 지금도 미케네 지역에 가면 사자 성문이 달린 이 커다란 성을 볼 수 있어. 이렇듯 화려한 문화를 자랑했던 미케네는 기원전 12세기에 야만족이었던 도리아인들에게 정복당하고 말았어.

미노스 문명의 미로 궁전

트로이 전쟁 이야기를 노래한 호메로스의 시에는 그리스 앞바다 크레타 섬에 있던 99개의 도시와 크노소스 궁전에 대한 이야기도 들어 있어. 이 궁전 유적과 그곳의 유물들도 1900년에 발굴되었단다. 크노소스 궁전은 겉모습이 아름답기 그지없었고, 내부에는 수많은 방과 창고가 계단과 복도로 복잡하게 연결되어 있어서 궁전에 들어선 사람은 대부분 길을 잃어버렸대. 그래서 '미로의 궁전'이라고도 해.

이곳에서 발견된 유물들은 모양과 색깔이 미케네에서 발견된 것들과는 아주 달랐어. 이 점으로 보아 이 문명의 주인공이 그리스 본토 사람들이 아니라는 것을 알 수 있지. 이 문명을 크노소스 궁전의 왕이

크노소스 왕궁의 프레스코 화 머리와 날개는 독수리, 뒷다리와 몸은 사자인 상상의 동물 그리핀.

었던 미노스의 이름을 따서 '미노스 문명'이라고 불러. 미노스 문명은 미케네 문명보다도 훨씬 앞선 기원전 3000년경부터 발달해서 기원전 1450년 무렵까지 이어졌다고 해.

미노스의 유적들을 보면 미노스 사람들은 화려한 색깔을 좋아하고 멋 부리기도 즐겼던 것 같아. 궁전 방마다 여러 가지 색깔로 꽃이나 동물의 그림을 그려 장식해 놓았거든. 이렇게 회반죽을 벽에 바르고 색을 입힌 그림을 '프레스코 화'라고 하는데, 지금도 크레타 섬에 있는 박물관에 가면 밝은 빛깔을 뽐내는 미노스 문명의 프레스코 화를 볼 수 있어. 미노스 사람들은 옷도 새로운 유행에 따라 입기를 즐겼대. 허리가 잘록한 꽃무늬 치마를 입기도 하고, 머리치장도 요란하게 했다고 해. 유적에서는 보석도 많이 발견되었고, 창고에는 화려하게 장식된 도자기들이 가득했다는구나. 이런 유물들의 특징으로 미루어

프레스코 화가 그려진 크노소스 왕궁 유적지와
그곳에서 발굴된 커다란 항아리들

그들이 매우 부자였음을 짐작할 수 있지.

그럼 이들은 어떻게 해서 부자가 되었을까? 지금도 그렇지만 크레
타 섬에서는 예로부터 포도주와 올리브기름이 많이 생산되었어. 미
노스 사람들은 이를 이집트 등 여러 지역에 가져다 팔아 많은 이윤을
얻었어. 지중해를 통해 외국과 무역이 활발히 이루어졌으므로 이 섬
에는 외국의 배도 많이 드나들었지. 당시 외국으로 장사를 하러 다니
던 배의 조각들이 발견되어 이런 사실을 뒷받침해 주고 있단다.

크레타는 바다로 둘러싸인 섬이어서 따로 외적에 대비하는 성을 쌓
을 필요가 없었어. 세상에서 가장 아름다운 궁전을 지어 자기들이 얼
마나 부자이고 힘이 센지 뽐내기만 하면 되었지. 아마 수천 년 전의
크레타 섬에서는 크노소스 궁전의 상아 빛 기둥이 햇살을 받아 포도
주 빛 바다를 배경으로 도도하게 빛났을 거야.

미노스 문명은 왜 사라졌을까?

그런데 미노스 문명의 역사에는 학자들도 아직 제대로 밝혀내지 못한 이상한 사건이 있어. 기원전 1450년경 크노소스 궁과 미노스 사람들의 흔적이 갑자기 사라진 거야. 많은 학자가 이 지역이 화산 폭발과 지진이 자주 일어나는 곳이니, 갑작스레 일어난 대지진이 미노스 문명을 파괴했을 거라고 추측하고 있어.

하지만 또 다른 가능성을 제기한 학자들도 있어. 그리스의 미케네 사람들이 내려와서 미노스 문명을 정복한 것은 아닐까 하는 가능성이야. 처음에는 미케네 사람들이 자신들보다 훨씬 앞서 있던 미노스에게서 여러 가지를 배웠지만, 나중에는 그들의 힘이 더 세져서 미노스를 정복했을 거라는 이야기지.

학자들이 이렇게 생각하는 데는 근거가 있어. 크노소스 궁에서 서로 다른 두 가지 그림 문자가 쓰인 점토판이 발견되었거든. 더 오래전에 쓰인 것을 '문자 A', 나중에 쓰인 것을 '문자 B'라고 해. 문자 A는 아직껏 해독되지 못했어. 하지만 문자 B는 이미 해독되었는데, 놀랍게도 그리스어를 기록한 문자였다는 거야. 그래서 학자들은 이렇게 추측했어. "원래 크레타 섬에 살던 미노스 사람들은 그리스어를 쓰지 않는 종족이었고, 문자 A는 그들만의 문자였다. 그러나 훗날 그리스어를 쓰는 본토 사람들이 미노스를 정복했고, 그들은 그리스어를 표현하기 위해 어려운 문자 A를 고쳐서 문자 B를 만들었다."

미케네 사람들이 미노스를 정복했을 가능성을 뒷받침하는 근거는 또 있어. 이미 이 지역에서 전해지던 전설에서 실제 역사를 찾아낸 경험이 있는 학자들로서는 결코 예사롭게만 넘길 수 없는 전설이 있

문자 A 점토판 크레타 섬 왕궁 터에서 발굴된 점토판. 점토판 앞뒤로 45가지 형상이 새겨져 있지만, 아직 해독되지 않아 그 뜻을 알 수 없다.

크레타의 상아 조각상 크노소스 왕궁에서 발견되었다. 양손에 뱀을 쥐고, 머리에 고양이가 앉아 있는 여신의 모습이다.

거든. 바로 그리스 본토의 왕자 테세우스가 미노스 왕궁의 괴물 미노타우로스를 무찌른 이야기야. 학자들은 이 이야기가 그리스 본토 사람들이 크레타 섬의 크노소스 궁과 미노스 사람들을 정복한 사실을 암시하고 있는 건 아닐까 하고 추측해. 정말 전설 속에 미노스 멸망의 비밀을 풀 실마리가 들어 있을까? 테세우스와 미노타우로스의 이야기를 읽으며 한번 생각해 보렴.

괴물 미노타우로스의 전설

미노스 왕에게는 힘이 세고 날랜 안드로게오스라는 아들이 있었어. 그는 그리스 여러 나라가 참가하는 운동 경기가 열릴 때면 언제나 1등을 차지하곤 했어. 아테네의 왕 아이게우스는 그런 안드로게오스를 질투한 나머지 죽여 버렸지. 그러자 분노한 미노스 왕은 함대를 보내 아테네를 꼼짝 못하도록 혼내 주었어. 그리고 해마다 젊은 남자 7명과 처녀 7명을 바치도록 했어. 이 젊은이들은 미노스 왕이 데리고 있는 괴물 미노타우로스의 밥이 되어야 했어. 황소 머리에 사람의 몸을 가진 괴물 미노타우로스는 크노소스 궁전의 맨 아래층에서 살고 있었지.

젊은 남녀를 미노타우로스의 먹이로 바치면서 아테네 사람들은 행복을 잃었고, 아이게우스 왕의 시름은 깊어만 갔지. 그러다 세 번째로 제물을 바쳐야 할 때가 다가오자 아이게우스의 아들 테세우스가 나섰어.

저를 다른 젊은이들과 함께 괴물의 밥으로 보내 주십시오. 제가 크노소스에 가서 괴물 미노타우로스를 해치우고 오겠습니다.

테세우스는 돌아올 때 괴물을 해치웠다는 표시로 배의 검은 돛을

미노타우로스를 무찌르는 테세우스 4세기 로마 시대의 모자이크.

미노타우로스 머리는 소. 몸은 인간의 모습을 하고 있다. 기원전 515년경에 제작된 그리스 도자기의 그림.

흰 돛으로 바꿔 달겠다고 했어. 테세우스와 젊은 남녀를 태운 배가 검은 돛을 단 채 드디어 크레타를 향해 출발했지.

그런데 아테네에서 온 배가 크레타에 도착하자, 미노스 왕의 딸 아리아드네는 테세우스를 보고 한눈에 반해 버렸어. 아리아드네는 테세우스를 괴물의 먹이가 되게 놔둘 순 없다고 생각하고 테세우스를 돕기로 했지. 그녀는 테세우스에게 미노타우로스를 죽일 수 있는 칼과 털실 뭉치를 주었어. 크노소스 궁전은 하도 복잡해서 한번 들어가면 빠져나올 수 없으니 털실로 돌아 나올 길을 표시해 두라는 것이었어. 아리아드네는 테세우스가 지닌 털실의 한쪽 끝을 쥔 채 궁전 밖에서 기다렸지.

앞뒤를 알 수 없는 복잡한 궁전의 맨 아래층에 도착해 괴물을 만난 테세우스는 힘든 싸움 끝에 간신히 괴물을 죽였어. 그러고는 털실을 따라 무사히 밖으로 빠져나와 아리아드네를 데리고 아테네로 향했어.

한편 아들을 크노소스 궁으로 보낸 아이게우스는 날마다 바다를 바라보며 테세우스의 승리를 알리는 흰 돛을 단 배가 나타나기만을 기다렸어. 어느 날, 마침내 테세우스의 배가 바다 멀리서 다가오는 것이 보였지. 그러나 그 배는 흰 돛이 아니라 검은 돛을 달고 있었어. 테세우스는 크노소스 궁에서 황급히 빠져나오느라, 승리하면 돛을 바꿔 달겠다는 약속을 깜박 잊었던 거야. 아이게우스 왕은 검은 돛을 보고 테세우스가 괴물의 밥이 되었다고 생각했어. 결국 슬픔을 참지 못하고 울부짖던 아이게우스는 배가 도착하기 전에 바다에 몸을 던져 죽고 말았대. 그리스 앞바다가 '에게 해'라고 불리는 것은 바로 이 아이게우스 왕의 이름에서 비롯된 거라고 해.

🏺 슐리만, 트로이를 찾아내다

하인리히 슐리만은 1822년에 독일의 가난한 목사의 아들로 태어났어. 그는 7세 때 크리스마스 선물로 받은 《그림으로 본 세계사》라는 책에서 불타는 트로이와 그 앞에 우뚝 선 트로이 성의 그림을 보고 강한 인상을 받았대. 그의 아버지는 트로이가 전설 속의 도시일 뿐이라고 했지만, 어린 슐리만은 훗날 어른이 되면 트로이 성과 프리아모스 왕의 보물들을 찾아보기로

하인리히 슐리만
독일의 사업가이자 고고학자. 미케네 문명을 발견했으며, 트로이를 찾아냈다.

결심을 했어. 14세가 된 슐리만은 학교를 그만두고 식료품 가게에서 점원으로 일했어. 집안 형편이 어려워진 탓이었지.

어느 날 슐리만의 가게에 술 취한 사람이 들어와 잘난 척을 하며 큰소리로 시를 읊었어. 슐리만은 그 시를 이해할 수 없었지만 너무나 듣기 좋았대. 그런데 그 시가 바로 트로이의 전쟁 이야기를 담고 있는 호메로스의 〈일리아드〉였던 거야. 그 사실을 안 슐리만은 가슴이 떨렸어. 그는 가진 돈을 털어 그 사람에게 술을 더 사 주어 가며 〈일리아드〉를 처음부터 끝까지 다시 읊어 달라고 했대.

슐리만의 어려운 생활은 계속되었지만, 그럴수록 꿈은 그를 더욱 강하게 만들었어. 여러 나라의 말을 혼자서 익히기로 마음먹은 슐리만은 작은 다락방에서 영어, 프랑스어, 에스파냐어, 이탈리아어, 네덜란드어, 포르투갈어를 차례차례 공부해 나갔어.

1868년, 46세가 된 슐리만은 드디어 트로이를 찾으러 떠났

▲ **프리아모스 왕의 보물**
◀ **슐리만의 부인** 트로이 유적지에서 발굴한 보석 장신구를 착용하고 있다.

어. 호메로스의 시에 나오는 장면들을 그리며 그와 들어맞는 땅을 찾아 헤매던 슐리만은 어느 날 히사를리크 언덕을 보며 그곳이 바로 트로이 성이 묻힌 곳이라고 생각했어.

슐리만은 그곳을 정신없이 파기 시작했어. 사람들은 그런 그를 미친 사람이라고 생각했지.

그 모든 어려움을 겪은 뒤, 슐리만은 결국 트로이 성을 찾아냈어. 그곳에 한때 화려한 도시가 있었다는 증거인 갖가지 장식물과 무기들을 발견했고, 발굴이 끝나 갈 무렵에는 놀랍게도 왕궁에서 쓰던 금관과 금 목걸이 같은 보물들도 찾아냈어. 그 이전 어떤 발굴에서도 볼 수 없었던 보물들이었지. 당시 작업 현장을 감독하던 슐리만은 흙더미 속에서 반짝이는 것들을 발견했을 때 인부들을 조용히 돌려보냈대. 혹시라도 인부들이 욕심을 내면 인류의 문화유산으로 간직해야 할 소중한 보물들을 잃게 될까 봐 걱정을 했던 거야. 슐리만은 손수 흙더미를 헤치며 보물들을 캐냈어. 인부들 앞에서는 태연한 척했지만, 사실 얼마나 흥분했는지 손까지 덜덜 떨었다고 해. 슐리만은 보물들을 상자에 잘 담아 학자들이 연구할 수 있도록 유럽으로 실어 보냈어. 이렇게 해서 마침내 슐리만은 꿈을 이루었고, 전설의 도시 트로이는 당당히 역사로 기록되기 시작했단다.

트로이의 유적지

민주주의의 뿌리,
고대 그리스

민주주의의 뿌리, 고대 그리스

이집트와 메소포타미아, 그리고 미노스와 미케네 문명에서 보았듯이
고대 왕국은 힘센 왕이 다스리는 세계였어. 고대의 왕들은 많은 신하
와 군대를 거느리고 백성들을 지배했고, 백성들은 왕에게 공납으로
재물을 바쳤지. 막강한 권력이 왕 한 사람에게 집중되었고, 왕은 백성들
이 바친 공납으로 자신의 권력을 유지했어.

그런데 기원전 8세기 무렵, 그리스 사람들은 그와는 다른 정치 제
도를 발전시켰어. 그들은 왕이 없는 도시 국가를 세우고, 국가의 중
요한 일들을 결정하는 데 시민들이 직접 참여하는 제도를 만들어 나
갔어. 물론 그리스 사회도 처음부터 모든 시민이 평등한 권리를 갖는
민주주의 제도를 갖추었던 것은 아니야. 주어진 환경 속에서 여러 세
기에 걸쳐 자신들의 고유한 제도와 문화를 발전시킨 결과, 다른 고대

사회에서는 찾아볼 수 없는 독특한 체제를 갖추게 된 거지. 이러한 그리스의 정치 제도는 서양 문명의 뿌리로 이어졌고, 오늘날 서양 문화를 받아들이고 활발히 교류하고 있는 우리의 삶에도 큰 영향을 주었단다.

왕관보다 귀중한 유물

찬란한 황금 유물을 남긴 미케네 왕국이 몰락한 뒤 에게 해와 그리스 지역은 점점 쇠퇴해 갔어. 작물 생산량이 줄어들고, 지중해를 통해 활발하게 이루어지던 교역도 사라졌지. 기원전 11세기경부터 기원전 8세기경까지 그리스 일대는 이집트나 메소포타미아에 비해 가난하고 인구도 적고 문화적으로도 수준이 낮은 지역이었어. 그래서 역사가들은 이 시기를 '그리스의 암흑기'라고 불러. 하지만 이런 환경은 오히려 그리스만의 독특한 문화를 발전시킬 수 있는 중요한 조건이 되었단다.

역사를 보면 고대 왕국이 가장 번영한 시기는 대개 힘센 왕이 등장해 영토를 확장하고, 자신의 권위를 상징하는 호화로운 궁전을 짓는 때야. 이 시기에 왕들은 백성에게 많은 재물을 거두어 왕의 권력을 강화하곤 했지. 박물관에서 흔히 보는 화려한 금관이나 보석으로 꾸며진 장신구들은 당시의 문화 수준을 나타내는 유물들이지만, 한편으론 왕의 힘이 얼마나 강했는지를 알려 주는 척도이기도 해.

그런데 암흑기의 그리스 사람들은 화려한 왕궁이나 황금 왕관, 보석 장신구 같은 유물들을 남겨 놓지 않았어. 미케네 문명이 무너지면서 왕도 함께 사라졌거든. 그 뒤 한동안 그리스 사람들은 너 나 할 것

없이 무척 가난하게 살았기 때문에 힘센 왕이 다시 나타나지도 않았어. 직접 일하지 않고 다른 사람들이 생산해 낸 양식을 거두어들이는 왕이나 귀족 계급이 생겨나려면 사람들이 먹고 남는 양식이 있어야 하는데, 당시에는 이런 조건이 채워지지 않았던 거야.

이 시기는 미케네 왕국을 중심으로 한 청동기 문명이 쇠퇴해 간 시기라고 할 수 있어. 역사가들은 이 시기의 왕궁, 문자 등이 사라진 현상을 철기를 쓰는 강력한 다른 민족의 침입 때문이라고 설명하기도 해. 그리스 북쪽으로부터 다른 갈래의 그리스 민족인 도리아족 또는 바다 쪽으로부터 다른 해양 민족이 침입해 들어왔다는 거지. 하지만 이런 설명은 아직 증거가 부족해 이 시기의 역사는 더 연구해야 할 과제로 남아 있어.

이런 암흑기를 지나 그리스의 역사가 기록을 통해 모습을 드러내는 건 기원전 8세기 무렵이야. 이때부터 그리스 반도 곳곳에는 작은 언덕이나 골짜기, 섬을 중심으로 작은 도시 국가들이 등장했어. 산과 섬이 많아 각 지역이 분리된 그리스 지형에 따라 자립적인 작은 공동체가 만들어졌던 거지. 이런 도시 국가를 '폴리스'라고 불러. 국가라고는 하지만 폴리스들은 규모가 매우 작았어. 그중 제일 컸다는 아테네의 면적은 제주도보다도 작았고, 작은 폴리스는 마을 정도의 크기밖에 되지 않았어. 그렇지만 각 폴리스들은 분명히 독립된 나라들이었지. 폴리스의 가장 큰 특징은 왕이 없다는 점이었어. 처음에는 권력을 지닌 귀족과 그렇지 못한 평민의 구별이 있었지만, 점차 그러한 구분도 사라지고 모든 시민이 똑같은 권리를 지닌 민주주의 제도를 발전시켜 나갔지.

어떻게 이런 일이 가능했을까? 역사가들은 폴리스에서 귀족과 평민의 구분이 사라지고 민주주의가 발전한 중요한 원인으로 당시의 전쟁 방식을 꼽아. 한 사회가 안정되기 위해서는 외부의 적으로부터 자신을 지키는 일이 무엇보다 중요해. 그래서 외적의 침입을 막는 역할을 하는 사람은 그 사회에서 권력을 갖게 마련이지. 고대 사회에서 왕의 권력이 막강했던 것도 왕이 군대를 거느리며 나라의 안전을 책임졌기 때문이고, 중세 사회에서 기사들이 귀족으로 대접 받은 것도 적과 싸우는 임무를 맡고 있었기 때문이야.

그런데 그리스의 폴리스 사회에서 외적을 막아 내는 역할을 했던 사람들은 다름 아닌 평범한 상인이나 농부들이었어. 초기에는 부유한 귀족들만이 무기와 갑옷을 가질 수 있었지만 점차 평민들도 무장을 하고 다 함께 나라를 지키게 된 거야. 농부들은 평상시에는 농사를 짓다가 적이 쳐들어오면 미리 준비해 둔 커다란 방패와 창을 들고 나섰어. 그들은 열을 지어 자신들의 도시 외곽을 둘러쌌지. 그러고는 방패의 반쪽은 자신의 몸을 가리고 나머지 반쪽은 옆 사람의 몸을 가리는 방식으로 탄탄한 대형을 만들고, 적이 아무리 거세게 공격해 와도 꼼짝 않고 대형을 지켰어. 이렇게 힘을 합쳐 자신들의 재산과 나라를 지켜 냈으므로 평민들은 폴리스의 일을 결정할 때 발언권을 갖게 되었고, 이는 모든 시민이 동등하게 국정에 참여하는 정치 제도로 이어졌지.

이렇게 고대 그리스 사람들은 거대한 왕궁이나 황금 왕관을 남기진 않았지만, 그 대신 민주주의라는 독특한 정치 제도를 후세에 남겨 주었어. 그중에서도 특히 발달했던 아테네의 민주 정치는 현대 민주주의의 씨앗이 되었단다.

폴리스들이 이룬 국제 사회

그리스 반도와 그 앞바다의 섬에는 작은 폴리스가 흩어져 있었어. 폴리스에 사는 사람들은 같은 민족이었지만, 각각의 폴리스는 독립된 도시 국가였어. 그리스인들이 이렇게 많은 폴리스로 갈라져 산 데에는 그리스의 지형도 한몫했어. 그리스 반도에는 워낙 산이 많아서 농사를 짓고 살 수 있는 평지와 골짜기들이 산으로 막혀 다른 지역과 격리되어 있었거든. 기원전 8세기 폴리스가 생겨날 무렵에는 대부분의 사람이 농사를 지었고, 다른 지역과 무역을 하는 상인들이 간혹 있는 정도였어.

그런데 기원전 8~7세기 무렵에 폴리스의 인구가 크게 증가하면서 농토가 부족해졌어. 그러자 그리스인들은 배를 타고 나가 지중해 연안의 다른 지역을 정복하기 시작했어. 이들은 이탈리아 남부, 소아시아 지역, 흑해 연안, 멀리 에스파냐와 프랑스 남부, 아프리카 북부 연안까지 진출했어. 그리고 그곳에 자신들이 떠나온 폴리스와 같은 형태의 식민 도시를 건설했어. 이런 식민 도시들은 그들이 떠나온 도시의 지원을 받는 등, 경제적 협력 관계를 유지했지만 정치적으로는 완전히 독립된 도시 국가였어.

식민 도시 건설을 주도했던 사람들은 지중해를 오가며 무역을 하는 상인들이었어. 기원전 7세기 무렵에는 이들의 수가 늘고 재력도 커지면서, 폴리스의 정치와 경제에 미치

그리스 병사 적이 쳐들어오면 미리 준비해 둔 커다란 방패와 창을 들고 전쟁터로 향했다.

고대 그리스의 폴리스 고대 그리스인들은 지중해 전역에 도시 국가를 세웠다.

는 영향도 커졌지. 이들의 교역 활동 덕분에 폴리스 내 상업과 수공업이 크게 발달하고, 그리스인들의 생활 수준도 크게 향상되었어. 기원전 750년부터 약 250년 동안 그리스인들이 지중해 연안의 무역을 주도하면서 지중해 전역에 건설한 폴리스가 1000여 개나 될 정도였단다.

그러니까 고대 그리스는 통합된 하나의 나라가 아니라, 지중해 연안에 퍼져 있던 각각의 폴리스들이 독립적으로 발전해 간 사회였어. 당시 다른 종족들이 부족 상태에 있거나 왕국을 이루었던 것과 비교해 보면 매우 독특한 사회였다는 것을 알 수 있지. 폴리스에 사는 사람들은 모두 그리스 말을 쓰고 문화를 공유하는 같은 민족이었지만, 자신의 도시에 대한 충성심이 대단해서 폴리스의 독립성을 포기하고 이웃 폴리스들과 통합해 큰 나라를 이루는 일은 생각도 하지 않았

고대 올림픽 기원전 6세기의 도자기 그림에 그려진 육상 경기 장면이다.

대. 그 결과로 그리스 반도와 지중해, 그리고 소아시아 지역까지 흩어져 있던 폴리스들은 하나의 국제 사회를 이루게 되었어. 그리스의 폴리스들은 이집트 등 다른 세계와 무역을 하고, 다른 민족의 침입을 함께 막아 내기도 했지만, 독립 국가로 남아 서로 경쟁하고 때로는 전쟁도 했어.

하지만 같은 말을 쓰는 이 지역 사람들 사이에는 특유의 동족 의식이 있었어. 그들은 스스로를 '헬레네스'라고 부르며 모든 폴리스 사람들이 형제나 마찬가지라고 여겼고, 같은 신을 섬기며 제사도 함께 지냈어. 기원전 776년부터는 제우스 신전이 있는 올림피아에서 4년에 한 번씩 모든 폴리스가 함께 참가하는 올림픽 경기가 열렸지. 그리스인들은 제우스 신에게 바치는 축제를 통해 자신들은 결국 하나임을 확인한 거야. 올림픽 경기가 열리는 동안에는 폴리스끼리 전쟁도 멈추었지. 그들은 다른 민족이 공격해 올 때면 모두 힘을 합

쳐 폴리스 사회를 지켜 내곤 했어. 지금
도 전 세계 많은 나라가 서로 경쟁을 하
며 때로는 전쟁도 하면서 국제 사회를 이
루고 있지만, 만일 지구 밖에서 외계인이
공격을 해 온다면 모두 한편이 되어 지구
를 지켜 내지 않겠니? 그리스의 폴리스들
도 마찬가지였던 거야.

페르시아 병사와 싸우는 그리스
중장 보병

　기원전 490년과 기원전 480년에 동방에서 커다란 제국을 건설한
페르시아 대왕이 쳐들어왔을 때도 폴리스들은 서로 힘을 합쳐 이를
막아 냈어. 첫 번째 침입 때 페르시아 대왕이 거느린 군사는 아테네
군사보다 두 배나 많았어. 두 번째 침입 때는 군사가 30만에 이르렀
을 뿐만 아니라 배는 1000여 척이나 되었다고 해. 페르시아 병사들이
어찌나 많았던지 그들이 강가에 도착해 강물을 마시면 강물의 바닥
이 드러날 정도였단다. 당시 페르시아는 지금의 서남아시아 전체와
인도까지 이를 만큼 넓은 땅을 차지하고 있었어. 그에 비해 그리스의
폴리스들은 아주 작은 도시 국가들이었으니, 양편의 인구수나 재산은
비교도 안 되었어. 두 세계 사이의 전쟁은 거인과 난쟁이의 씨름이나 다
름없었지.

　하지만 폴리스들은 결국 페르시아의 침략을 막아 냈어. 바로 그리
스 시민군의 힘 덕분이었지. 그저 왕의 명령에 복종할 뿐인 페르시아
군사들은 죽음을 무릅쓰고 싸우는 그리스 시민군을 당해 낼 수 없었
던 거야. 왕의 명령 때문에 싸우는 병사와 자신의 가족과 재산을 지
키기 위해 싸우는 병사는 싸움에 임하는 자세부터 달랐을 테니까.

아테네의 민주 정치

그리스의 폴리스 중에서 페르시아 제국의 침입을 막아 내는 데 가장 큰 역할을 한 것은 아테네였어. 전쟁에서 승리한 뒤 점점 더 발전한 아테네에서는 시민 중심의 민주 정치가 활짝 꽃피었어. 이 시기에 아테네는 페리클레스라는 유능한 지도자의 활약에 힘입어 민주 정치와 문화의 황금기를 맞았지. 그래서 이 시기를 지도자의 이름을 따서 '페리클레스 시대'라고 불러.

페리클레스 시대에 아테네 사람들은 폴리스의 중요한 일이 있을 때마다 '아고라' 광장에 모여 회의를 하고 다 같이 결정을 내렸단다. 이런 시민들의 회의 기구를 '민회'라고 부르지. 오늘날의 국회처럼 폴리스의 중요한 일을 결정하는 기구야. 하지만 현대의 국회와 아테네 민회 사이에는 중요한 차이가 있어. 지금은 국민들이 대표를 뽑아 국회에 보내지만, 아테네 시민들은 모두 직접 민회에 참여했다는 점이야. 민회에 참여한 시민들은 도시 국가를 이끌어 가는 데 중요한 여러 일을 의논해 결정했어. 전쟁이 나면 몇 명의 병사가 나가 싸울지, 누가 대장을 맡을 것인지를 정했고, 이웃 나라에서 도움을 청할 때면 도와줄지 거절할지도 정했어. 또 광산에서 캔 은을 시민들에게 나누어 줄 것인지, 아니면 그 돈으로 큰 배를 만들 것인지, 혹은 길을 내거나 성을 쌓을 것인지도 모두 함께 정했어. 물론 시민들이 지켜야 할 법도 민회에서 만들었지.

민회에서 결정한 일들을 실제로 맡아 처리할 사람도 필요했겠지? 아테네에는 10명의 장군이 있어서,

페리클레스의 대리석 흉상

평상시에는 나라 살림을 맡아 하고 전쟁이 나면 대장으로서 군대를 이끌었어. 10명의 장군은 도시 국가의 행정가인 동시에 군사 지도자였던 거야. 이 지도자들을 뽑는 일 역시 민회의 중요한 기능이었어. 처

민주주의의 광장, 아고라

우리나라처럼 크고 인구가 많은 나라에서는 국민 전체가 한자리에 모여 회의를 한다는 것은 꿈도 못 꿀 일이야. 하지만 아테네처럼 규모가 작은 그리스의 도시 국가에서는 가능한 일이었지. 원래 아테네는 언덕에 세워진 도시였어. 도시가 높은 곳에 있으면 외부에서 쳐들어오는 적을 쉽게 감시할 수 있고 공격할 때도 유리하기 때문이지. 아테네 사람들은 이 언덕 꼭대기를 '아크로폴리스'라고 부르고, 이곳에 아테네를 지켜 주는 신을 모시는 신전을 지었어. 아고라는 바로 그 아래 언덕의 비탈에 있던 광장이야. 이곳은 시민들이 수시로 모여들고 시장이 서기도 했던 시민 생활의 중심지였지. 바로 이 아고라에서 아테네의 민회가 열렸던 거야.

아테네 전경 오른쪽 뒤편으로 아크로폴리스에 위치한 파르테논 신전이 보인다.

물시계 아테네 시민 법정에서 발언 시간을 재는 데 사용되었다.

도편 추방제 고대 아테네의 정치가 이름이 적힌 도자기 조각들. 아테네 사람들은 독재를 할 우려가 있다고 생각되는 정치가의 이름을 도자기 조각에 써서 던졌다. 6000표 이상 얻은 자는 10년 간 국외로 추방되었다.

음에는 선거를 통해서 지도자를 뽑았지. 하지만 아테네 사람들은 이런 방법도 자신들의 민주 정치를 해칠 수 있다고 생각했어. 자칫하면 몇몇 사람이 오랫동안 권력을 쥐게 될지도 모른다고 여긴 거지. 그들은 제비뽑기를 한다면 재산이나 능력에 상관없이 누구나 돌아가면서 도시 국가를 이끌어 가는 일을 할 수 있고, 권력이 몇몇 사람에게 집중되는 일도 없을 거라고 생각했어. 그래서 그 뒤로는 10명의 장군 중에서 특히 전쟁 경험이 필요한 두 자리를 빼고는 모두 1년에 한 번씩 제비뽑기를 해서 정했지.

이처럼 아테네의 정치 제도는 직접 민주주주의 제도였어. 시민들이 나라의 모든 일에 직접 참여하기 때문에 나라의 이익이 곧 자신의 이익이라는 점을 누구나 잘 알고 있었지. 그러니 시민들의 애국심은 대단했어. 그런데도 아테네에서는 더 많은 시민이 도시 국가의 일에 관심을 갖고 정치에 적극 참여하도록 하기 위해 민회에 참석한 시민들에게 일당을 지급했어. 그 덕에 하루라도 벌이를 포기하기 어려운 가난한 시민들도 부담 없이 민회에 참석할 수 있었을 거야.

지금까지 살펴본 것처럼 페리클레스 시대 아테네의 민주 정치는 꽤나 이상적인 모습이었어. 아테네 사람들이 처음부터 이런 정치를 꿈꾸었는지는 알 수 없지만, 이토록 시민들이 폭넓게 참여할 수 있는 정치 제도를 만들어 냈다는 것은 놀라운 일이야. 특히 대부분의 고대 국가들이 한 사람의 강력한 왕에 의해 통치되는 사회였다는 점을 생각하면 더욱 그렇지.

시민과 노예가 공존했던 도시 국가

그런데 아무리 아테네가 작고 인구가 많지 않았다 한들 정말 모든 시민이 아고라에 모일 수 있었을까? 사실 아테네의 시민 수는 정말 적었어. 아테네가 워낙 작은 나라이기도 했지만, 그보다 더 중요한 이유는 아테네에 살고 있다고 해서 누구나 시민이 되는 것은 아니었기 때문이야. 가장 번성했던 시기의 아테네 인구는 35만 명 정도였어. 그중 시민은 4만여 명에 불과했지. 다시 말하면 9명 중에 1명만이 시민이었다는 뜻이야.

아테네 시민의 자격은 꽤나 까다로웠어. 우선 부모가 모두 아테네에서 태어난 아테네의 시민이어야 했어. 아테네는 외국과 무역이 활발한 나라였기 때문에 외국인이 많이 와서 살고 있었지만, 외국인은 시민 자격을 얻을 수 없었던 거야. 또 여자들도 시민 자격을 얻지 못했어. 이렇게 시민 자격이 까다롭다 보니 시민 수가 적을 수밖에 없었지. 또 민회에는 20세 이상의 시민만이 참석할 수 있었어. 나이가 어린 사람은 나라의 중요한 일을 결정하는 데 참여할 수 없도록 정해 놓은 거지. 그럼, 민회가 열리면 아고라에 얼마나 많은 사람이 모였을까? 아고라에서 멀리 떨어진 농촌에 사는 시민들은 민회가 열릴 때마다 매번 참석하기 어려웠을 거야. 민회가 열릴 때 다른 중요한 일이 생겨 빠지는 시민들도 있었을 테고. 그래서 보통 민회에는 수천 명의 시민이 참석했고, 많을 때는 1만 명 정도까지 모였다고 해.

하지만 아무리 시민의 자격이 까다롭게 제한되었다고 해도 35만 명 중에서 겨우 4만 명만이 시민이라면 너무 적은 수인 것 같지? 당시 아테네에는 많은 수의 노예가 있었어. 노예의 수는 자그마치 20만 명에 달했지. 아테네 시민들은 자신들보다 다섯 배나 많은 수의 노예를 거느리며 농사일도 시키고, 자신들의 생활에 필요한 모든 일을 대신하도록 했어. 당시 고대 사회는 정복과 전쟁의 시대였어. 힘센 나라는 다른 나라를 정복하여 땅을 얻고 다른 민족을 노예로 삼거나 지배하며, 강제로 많은 세금을 거두어들였지. 그러니 고대 사람들이 자기 민족이 아닌 사람들을 모두 적이라고 여기는 것은 당연한 일이었어. 그리스인들도 전쟁을 벌여 승리한 땅에서 데려온 다른 민족 사람들을 노예로 삼아 부렸던 거야.

이렇게 많은 수의 노예를 부리면서도 그들에게는 시민 자격을 주지 않았던 아테네

그리스의 노예들 기원전 226년 제작된 도자기에 그려진 올리브를 따는 노예들 모습.

를 지금 우리의 기준으로 본다면 참다운 민주주의를 실현한 사회라고는 할 수 없을 거야. 사실 그리스 사회에 노예가 없었다면 아테네의 민주주의가 실현 가능했을까? 시민들이 정치에 관심을 갖고 적극 참여할 수 있었던 것은 노예들이 힘겨운 생산 노동을 대신 해 주었기 때문일 거야. 이런 면을 생각하면 아테네의 시민 정치를 진정한 민주 정치라고 할 수 있을지 고민이 되기도 해.

하지만 오늘날의 기준으로만 바라보아서는 아테네 민주 정치의 가치를 제대로 평가하기 어려워. 그 시대의 기준으로 판단해 볼 필요가 있지. 당시 다른 나라에서는 왕의 명령이 곧 법이었어. 모든 백성은 왕에게 무조건 복종했지. 또 국가의 모든 일은 백성의 뜻과 상관없이 왕이 알아서 처리했고, 백성은 왕에게 공납을 바칠 의무만 졌어. 이런 사회와 달리 아테네의 시민들은 도시 국가의 일에 참여하고 법을 만들 수 있는 권리를 지녔으며, 또 자신들이 만든 법을 지키면서 살 수 있었어. 도시 국가에는 막강한 권력을 가진 왕과 공납만 바치는 백성의 구별이 없고, 세금을 내는 시민 각자가 도시의 일을 결정할 수 있는 주인이었던 거야. 아테네 민주 정치의 가치는 이렇게 여러 사람이 함께 도시 국가의 일을 결정하고 법을 만들 수 있는 제도를 발전시켜 갔다는 점에 있어. 게다가 이런 정치 제도를 가졌던 시민들은 자유로운 생각을 펼치며 왕의 지배를 받던 지역과는 다른 문화를 발전시켰어. 이 또한 그리스 도시 국가의 민주 정치 제도를 높이 평가하는 이유란다.

유럽 문화의 어머니, 그리스 문화

자유로운 생활이 낳은 학문과 예술

그리스인들은 서양 학문과 예술의 바탕을 마련했어. 유럽의 학문 연구자나 예술가들은 인간과 사회에 대한 새로운 생각을 떠올리거나 아름다운 형상을 만들어 내려 할 때, 먼저 그리스 사람들이 남겨 놓은 유산을 찾아보고 영감을 얻었어. 고대 그리스의 철학자와 예술가들은 지금도 훌륭한 스승들로 존경받고 있지. 그래서 그리스 문화를 오늘날 유럽 문화의 어머니이자 스승이라고 하는 거야.

 그리스의 대표적인 문화로는 모든 학문의 기초가 되는 철학, 아름다운 신전 건축과 조각들, 그리스 시민들이 즐겼던 수준 높은 연극 등을 꼽을 수 있어. 인간에 대한 깊은 관심에서 비롯된 이런 학문과 예술 속에는 그리스 사람들의 자유로운 생각과 감정이 담겨 있어. 사람들의 생각과 감정은 그들의 생활 속에서 형성되는 법이지. 그러니 그리스 문화에 담긴 정신과 미적 감각도 그리스 사람들의 민주적이고 자유로운 생활 속에서 나온 것이라고 할 수 있어. 그리스의 많은 폴리스 가운데서도 특히 자유롭고 민주 정치가 발달했던 아테네에서 학문과 예술이 가장 발달했던 것만 봐도, 자유로운 생활이 새로운 생각을 갖게 하는 데 얼마나 중요한 요소인지 알 수 있어. 그리스인들이 후세에 물려준 학문과 예술은 바로 자유로운 정신이 낳은 유산인 셈이야.

제우스 로마 시대에 복제한 4세기 그리스의 조각 작품.

그리스인들이 사랑한 연극

그리스 사람들은 연극을 매우 좋아해서 한번 극장에 가면 연극을 연달아 네 편씩이나 보았다고 해. 이처럼 그리스인들 사이에 인기가 높았던 연극이 처음 시작된 것은 포도주의 신 디오니소스에게 바치는 축제 때부터였어. 초기에는 언덕 풀밭에서 연극 공연이 이루어졌지만 점차 돌과 대리석으로 만든 극장이 세워졌지. 1만 5000명 정도의 인원이 들어갈 수 있는 큰 규모의 극장도 있었어. 이런 극장들은 언덕 비탈에 세워진 계단식 야외극장이었기 때문에 구경 온 사람들은 극장에 앉아 주변의 아름다운 경치까지 감상할 수 있었지. 그중에는 아직까지 유지되어 연극이 상연되는 곳도 있대. 그곳에 가면 2500년 전 그리스 사람이 앉았던 바로 그 자리에 앉아 연극을 볼 수도 있을 거야.

그리스의 야외극장에서는 신기하게도 배우들의 목소리가 뒷자리까지도 아주 잘 들렸대. 하지만 배우들의 표정은 멀리선 잘 보이지 않았지. 그래서 배우들은 연기를 할 때 커다란 가면을 썼어. 한쪽 면에는 즐거워하는 표정이, 또 다른 면에는 슬픈 표정이 그려져 있는 가면이야. 배우들은 연극의 분위기가 바뀔 때마다 이 가면을 얼른 뒤집어 썼지. 가면을 쓴 배우들은 모두 남자였어. 등장인물이 여자인 경우에도 남자 배우가 연기한 거야. 또 무대에는 대개 2~3명의 배우가 등장해 연기를 했는데, 이때 무대 위에는 이들 말고도 15명쯤 되는 합창단이 있었어. 합창단은 노래를 부르고, 춤을 추고, 팬파이프를 불기도 하면서 연극의 중요한 장면을 더욱 실감 나게 만들어 주었어.

그리스 연극에는 비극과 희극이 있어. 연극이 인기가 높았던 만큼 연극 대본을 쓰는 작가들도 유명했지. 뛰어난 비극 작가로는 아이스킬로스, 소포클레스, 에우리피데스 등을 들 수 있고, 희극 작가 중에서는 아리스토파네스가 대표적인 사람이었어. 비극에는 인간의 슬픈 운명에 대해 이야기한 내용이 많았는데, 옛날 전설 등이 소재로 많이 쓰였어. 희극에서는 유명한 정치가나 잘 알려진 인물들을 흉내 내며 비꼬는 내용도 많았어. 그래도 정치가들이 연극을 금지하거나 방해하는 경우는 없었지. 그리스 사람들에게는 정치가의 잘못이나 모자란 점을 날카롭게 꼬집고 마음껏 웃을 수 있는 자유도 있었거든.

◀ **그리스의 연극 장면** 주인과 노예가 등장하는 풍자극의 한 장면. 기원전 350 ~ 기원전 340년경에 제작된 도자기의 그림.
▼ **그리스의 야외극장** 에피다우로스에 남아 있는 고대 그리스의 계단식 야외극장.

인간의 모습을 한 신

그리스 신화를 읽어 본 적이 있니? 그리스 신화는 그리스 사람들이 믿었던 신들의 이야기야. 보통은 '신'이라고 하면 우리 인간과는 달리 완벽해서 절대로 실수를 하지 않고, 무엇이든 원하는 대로 할 수 있는 존재를 떠올리게 돼. 하지만 그리스 신화에 나오는 신들은 생긴 것도 인간과 똑같을 뿐 아니라 인간처럼 실수도 저지르고, 장난도 좋아하고, 다른 신들을 질투하기도 해. 신에 대해서도 자유롭게 상상할 수 있었던 그리스 사람들은 신들도 근엄하고 완벽하기만 한 존재가 아니라, 인간처럼 풍부한 생각과 감정을 가졌다고 믿었던 거야. 그리스 신화에 나오는 신들의 이야기를 통해 그리스 사람들이 이해한 인간의 모습을 만나 볼까?

그리스 사람들은 여러 신을 섬겼어. 흔히 '올림포스의 12신'이라고 부르는 12명의 신이 대표적이야. 그중에서 가장 높은 신이 하늘의 신 제우스라는 것쯤은 너희도 알고 있을 거야. 천둥과 번개를 몰고 날아다니며 땅 위 인간 세상을 향해 호통을 치지. 포세이돈은 바다의 신이고, 하데스는 땅 아래 저승 세계를 다스리는 신이야. 아폴로는 태양의 신, 아르테미스는 달의 신이지. 또 헤르메스는 외국과 장사하는 일과 교통에 관한 일을 다스리고, 대장간을 지키는 신도 있고, 가정과 부엌을 지키는 신도 있어. 전쟁이 자주 일어나는 시대였으니 전쟁의 신도 있지.

아테나 여신 아테네의 수호신이자 전쟁과 지혜의 여신. 기원전 4세기에 피디아스가 제작한 12미터 높이의 조각을 2세기 로마인이 복제한 작품.

이렇게 인간의 모습을 한 신들은 인간 세상의 일에 자주 끼어들었어. 전쟁이 나면 자기가 원하는 쪽 편을 들어 이기게도 하고, 화가 나면 장사하러 가는 뱃길에 험한 파도를 일으켜 인간들을 벌하기도 했어. 그러니까 그리스의 신들은 이집트의 신처럼 저승 세계에 머무르며 인간이 죽은 뒤의 일들을 맡아본 것이 아니라, 인간이 사는 세상에 나타나 현세의 일에 관여한 거지. 그리스인들은 이렇게 현세적인 신을 믿고 받들면서 세상살이를 하는 동안 마주치는 어려운 일들을 신이 도와주길 바랐어. 살다 보면 누구나 거대한 자연의 힘 앞에서 무력해지거나 자기 마음대로 할 수 없는 운명 앞에서 좌절할 때가 있지. 그리스인들은 이럴 때 신의 힘과 도움이 필요하다고 느꼈던 거야. 그래서 각 도시 국가마다 자신들을 지켜 주는 수호신을 섬겼고, 각 가정에서는 집안일이 잘되게 해 주고 건강을 지켜 주는 신들을 모시곤 했

파르테논 신전 그리스 아테네 아크로폴리스에 있으며, 아테네의 수호신 아테나를 모시기 위해 기원전 447~ 기원전 432년에 지어진 고대 그리스의 대표적 건축물이다.

어. 그리스인들이 이렇게 현세적인 신의 모습을 상상했던 것을 보면, 고대 그리스인들은 죽음을 두려워하지 않고 현세에서 행복하게 잘사는 것을 가장 중요하게 여겼던 것 같아.

그리스인들은 이 신들을 모시기 위해 신전을 지었어. 폴리스마다 언덕 꼭대기에 자리한 아크로폴리스에 아름다운 신전을 짓고 그곳을 신성한 곳으로 삼았지. 그리고 많은 기둥과 대리석 조각들로 신전을 아름답게 장식했어. 특히 아테네에 있는 파르테논 신전은 빼어나게 아름다워서 당시에도 다른 폴리스 사람들의 부러움을 샀다는구나. 기원전 5세기 페리클레스 시대에 세워진 이 신전은 그리스의 대표적인 건축물로 꼽히고 있어. 파르테논 신전은 46개의 우윳빛 대리석 기둥이 삼각형 지붕을 떠받치고 있어서 단순한 듯하지만 균형 있고 당당한 모습을 하고 있어. 아쉽게도 현재는 신전의 일부만 남아 있단다.

신에게 바치는 축제, 올림픽 경기

그리스 사람들은 신전을 지어 놓고 신들을 받들어 모셨지만, 그들을 두려워하거나 엎드려 빌기만 했던 것은 아니야. 신들은 쾌활하고 감동도 잘하기 때문에 기분 좋게 구슬리면 사람들이 원하는 일을 이룰 수 있도록 도와준다고 생각했어. 그래서 신들에게 제사를 올릴 때 여러 가지 운동 경기를 열기도 하고, 시를 읊거나 연극을 하기도 했어.

기원전 776년에 시작된 올림픽 경기도 신에게 바치는 축제였어. 올림픽 경기는 그리스 반도 서남부의 한 도시 국가인 올림피아에서 4년마다 한 번씩 열렸어. 올림피아는 원래 제우스를 비롯한 여러 신을 모

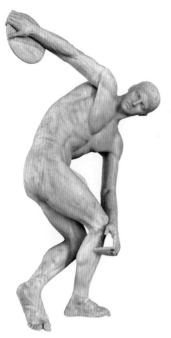

원반 던지는 사람 올림픽의 한 종목이었던 원반던지기를 표현한 조각상. 기원전 460년경에 만들어진 원본 조각의 복제품.

시는 신전이 모여 있는 성스러운 장소였어. 아주 오래전부터 신에게 제물을 바치는 의식이 거행되던 신전의 바깥쪽에 경기장을 건설하고 여기서 올림픽 경기를 했던 거지.

경기가 시작되면 모든 폴리스가 전쟁도 중단하고 3일 동안 평화의 축제에 참가했지. 축제는 마차 경주나 말달리기 경주로 시작했어. 그 뒤로 올림픽의 하이라이트라고 할 수 있는 5종 경기가 이어졌지. 멀리뛰기, 달리기, 창던지기, 원반던지기, 레슬링의 다섯 종목이었어. 우승한 선수에게는 월계수 잎으로 만든 관을 씌워 주었어. 월계관을 차지한 영광스러운 선수는 그해 올림픽의 주인공이요, 자신이 속한 폴리스의 자랑이었지.

선수들은 경기에 참가하기 전에 열 달 동안 집중 훈련을 했어. 그리스 사람들은 건강한 신체에 건전한 정신이 깃든다고 믿었기 때문에 평소에도 체육을 매우 중요하게 생각했지. 그래서 소년들은 반드시 하루에 몇 시간씩 운동을 해야 했단다. 그리스인들은 운동을 통해 잘 단련된 신체를 아름답다고 여겨 많은 예술 작품으로 남기기도 했어. 그리스 조각상들을 보면 하나같이 근육이 탄탄하게 발달된 균형 잡힌 몸매를 하고 있잖아.

그리스에서 시작된 고대 올림픽 경기는 로마 제국 때인 393년에 막을 내렸어. 오늘날 전 세계적으로 4년마다 한 번씩 열리는 올림픽은

〈아테네 학당〉 고대 아테네에 플라톤이 세운 아카데미를 재현하여 1510년에 르네상스 화가 라파엘로가 바티칸 궁에 그린 벽화. 중앙의 두 인물이 플라톤과 아리스토텔레스이다.

고대 그리스인들의 올림픽 정신을 이어받아 1896년부터 다시 시작된 거야. 고대 올림픽의 이상을 물려받아 현대의 올림픽에서도 '건강한 신체에 건전한 정신', '전 세계에 평화를'과 같은 구호가 울려 퍼지곤 하지. 올림픽 성화가 꺼지지 않고 이어지는 한, 고대 그리스인들의 멋진 이상도 전 세계 사람들의 가슴속에서 밝게 타오를 거야.

서양 학문의 기원이 된 그리스 철학

고대 그리스에는 자연 현상을 논리적으로 설명하는 전통이 있었어. 자신들이 모르는 현상을 아는 사실로 설명하려는 노력이었지. 이는 사물에 대한 깊은 이해를 추구하는 학문, 곧 철학의 발달로 이어졌지. 그리고 민주 정치가 발전함에 따라 아테네 사람들은 자연스럽게 주어진 문제에 대해 이모저모 따져 가며 자기 의견을 정리해 나가는 훈련을 했어. 민회에 나가 자신의 의견을 말하고 남을 설득해야 하는 경우도 있고, 재판이 있을 때 공정한 판단을 해야 하기도 했거든. 이런 경우 스스로 책임질 수 있는 자기 생각을 확실히 갖고 있어야 민주 시민으로서 각자가 제 역할을 해낼 수 있겠지?

이러한 사회 환경 속에서 아테네 철학자들의 관심은 점차 자연 현상에서 인간과 사회로 옮겨 갔어. 아테네에서 활동했던 소크라테스, 플라톤, 아리스토텔레스는 인간과 사회, 자연에 대해 깊이 파고들어 생각하고 그 깨달음을 후세에 전해 주어, 이후 모든 서양 학문의 출발점이 되었단다.

철학(philosophy)이라는 말은 원래 그리스어로 '지혜를 사랑한다.'는 뜻을 지니고 있어. 그러니 철학자는 '지혜를 사랑하는 사람'이겠지? 그리스의 철학자들이 처음 관심을 기울였던 문제는 '우주를 이루는 물질은 무엇인가?'와 같은 자연 현상과 관련된 것들이었어. 그 뒤 민주 정치와 토론 문화가 발달하면서 철학자들의 주제도 달라져 갔지. '과연 어느 것이 옳은 것인가? 옳은 것과 옳지 않은 것을 구별하는 기준은 무엇일까? 세상에 모든 것이 다 변해도 변치 않을 진리가 존재할까?' 바로 이런 문제들이었어. 여러 사람이 함께 사는 사회에서 개인들이 모두 행복하고 자유로울 수 있는 사회 정의나 도덕에 대한 근본적인 질문들이었지.

'옳은 것'을 찾는 문제는 정말이지 풀기 어려운 숙제였어. 아테네 청년들을 가르치는 선생들 중에는 이 문제를 적당히 얼버무리려는 사람들도 있었지. "이 세상에서 정말 옳은 것이 무엇인지는 알 수 없다. 다 스스로 생각하기 나름이다!" 하고 말이야. 이런 생각이 퍼질수록 자기 의견만을 고집하며 다른 사람의 의견은 받아들이려 하지 않는 사람들도 많아졌지. 이런 분위기에서 대개 이득을 보는 사람들은 돈 많고 사회적으로 힘 있는 사람들이었어. 자신의 돈과 지위를 이용해 그럴듯한 논리를 퍼뜨리고 상황을 자신에게 유리하게 바꿔 놓을 수 있었기 때문이야. 따라서 이렇게 옳은 것에 대한 기준을 흐리는 생각은 사회를 부패하게 하고, 민주주의를 타락시킬 수 있는 위험한 것이었어.

소크라테스

이 무렵, 아테네의 시장 거리와 아고라 주위를 돌아다니며 사람들에게 여러 가지 질문을 던지는 사람이 있었어. 작달막한 키에 가무잡잡한 피부, 코는 슬쩍 주물러 놓은 것처럼 펑퍼짐한 데다 옷도 아무렇게나 걸치고 있어서 봐 줄 것이라곤 별로 없는 사람이었어. 그러나 눈빛은 빛났고, 목소리 또한 당당하기 그지없었지. 그는 사람들이 '누구에게나 옳은 진리'를 인정하지 않고 각자 자신의 이익만을 고집하는 것은 큰 일이라고 생각했어. 그래서 사람들로 하여금 자신의 생각에 잘못된 점이 있다는 사실을 깨닫고

소크라테스 그리스 아테네의 아카데미 건물 앞에 있는 대리석 조각상.

진리를 알게 하려고 노력했지. 이 사람이 누구일까? 바로 역사상 가장 위대한 철학자로 평가받는 소크라테스야.

소크라테스는 다른 사람과 이야기할 때면 끊임없이 질문을 해서 상대방 스스로가 자신의 생각이 잘못되었음을 깨닫게 했어. 그가 자주 했던 '너 자신을 알라.'는 말은 '너 자신이 아무것도 제대로 알지 못한다는 사실을 알라.'는 뜻이었지. 사람들은 별 생각 없이 받아들인 얕은 지식만으로 자신이 그 문제에 대해 잘 알고 있다고 착각을 한다는 거야. 그러고는 다른 사람의 의견이나 올바른 진리를 받아들이지 않는 거지. 생각해 보렴. 더러운 물이 가득 찬 항아리에는 깨끗한 물을 부을 수 없겠지? 새로 물을 부으려면 먼저 항아리를 비워야지. 소크라테스는 지혜로운 질문으로 잘못된 지식이 가득 찬 사람들의 머리를 비우고자 했고, 새로 올바른 진리를 받아들일 수 있도록 한 거야.

그는 아테네 청년들에게는 눈앞의 이익만 따지지 말고 마음속 깊은 곳에서 울리는 양심의 소리를 들으라고 가르쳤어. 돈이나 출세에는 관심을 두지 않고 오직 사람들에게 진리를 깨우쳐 주려 하는 그의 모습을 보고, 점점 더 많은 청년이 그를 따르게 되었지.

소크라테스는 또 유명한 정치가나 작가처럼 아테네의 지식인으로 인정받는 사람들을 만나 이야기를 나누곤 했어. 소크라테스가 보기에는 자신이 얼마나 무지한지 모르고 많은 지식을 가졌다고 착각하는 사람들이었지. 몇 마디 대화를 통해 이런 사실이 확인되면 소크라테스는 많은 제자가 보는 앞에서도 거침없이 '너 자신을 알라.'고 상대방에게 말했어. 이런 일을 겪은 사람들 중에는 소크라테스에게 모욕을 당했다고 느끼고 그를 미워하는 이들이 많았지.

그 뒤 소크라테스는 체포되어 재판을 받게 되었어. 소크라테스를 미워하던 사람들이 그를 '아테네의 신을 믿지 않고, 청년들을 나쁜 길로 이끈다.'는 죄목으로 고발했기 때문이야. 하지만 소크라테스는 재판을 받으면서도 평소와 다름없이 자신의 생각을 당당하게 밝혔어. 이런 행동으로 재판관들의 미움까지 산 소크라테스는 결국 사형 선고를 받고 감옥에 갇히고 말았단다.

소크라테스의 친구들과 제자들은 그가 죽임을 당하기 전에 감옥에서 빼낼 계획을 세운 뒤 그에게 감옥을 탈출하라고 설득했어. 하지만 소크라테스는 그러기를 원하지 않았지. 소크라테스는 조용히 독약을 마시고 숨을 거두었단다.

플라톤과 아리스토텔레스

소크라테스는 위대한 철학자였지만 아무것도 써서 남기지 않았어. 그런데도 우리가 소크라테스의 말과 죽음에 이른 과정에 대해 자세히 알 수 있는 것은 소크라테스에게 플라톤이라는 뛰어난 제자가 있었기 때문이야. 플라톤은 소크라테스가 재판에서 스스로를 변호한 내용을 담은 《소크라테스의 변명》을 비롯해서, 소크라테스가 한 말을 대화체로 고스란히 적은 글을 많이 남겼어.

플라톤이 가장 관심을 가졌던 문제는 '사람들이 다 함께 행복하게 살 수 있는 사회는 어떤 사회일까? 정치가는 어떤 정치를 해야 할까?' 하는 것이었어. 그는 이런 주제에 관해서도 많은 글을 남겼고, 소크라테스가 죽은 뒤에는 아테네에 '아카데미'라는 학교를 세워 많은 제자를 가르치기도 했지.

플라톤이 길러 낸 제자 중에는 또 한 사람의 위대한 그리스 철학자가 있었어. 바로 아리스토텔레스야. 아리스토텔레스는 모든 자연과 사물의 이치를 알려고 했던 철학자였어. 그는 동물학, 지리학, 천문학, 물리학, 해부학 등 과학에 관한 많은 책을 남겼을 뿐만 아니라 사람들의 행동과 사회에 관해서도 많은 연구를 했단다. 그래서 이런 분야를 깊이 공부하면 어떤 책을 펼쳐도 제일 먼저 '아리스토텔레스'라는 이름을 발견하게 되지.

후세의 어떤 학자도 따를 수 없을 만큼 뛰어난 업적을 남긴 아리스토텔레스는 잘 생각해 보지도 않고 덮어놓고 그렇겠거니 하고 믿는 태도를 가장 싫어했다고 해. 이치를 꼼꼼히 따져 생각하고, 나름대로 새로운 생각을 해내려는 태도를 무엇보다 중요하게 여긴 거지. 아리스토텔레스는 제자들을 가르칠 때도 교실에서 지식을 외우도록 하

〈플라톤의 심포지엄〉 19세기 독일 화가 포이어바흐의 그림. 고대 아테네의 심포지엄은 술을 마시며 생각을 이야기하고 토론도 벌였던 모임이다.

기보다 자유롭게 산책을 하면서 서로의 생각을 주고받도록 했어. 제자들이 스스로 논리적 사고를 해 나가도록 이끈 거야. 이런 공부 방식 때문에 아리스토텔레스와 그의 제자들에게는 '산책하며 공부하는 사람들'이라는 별명이 붙기도 했단다.

그리스 세계의 쇠퇴

이렇듯 고대 그리스는 지중해 전역에 퍼져 살던 그리스인들이 공유하는 수준 높은 문화를 가지고 있었고, 훌륭한 학문과 예술을 일구어 서양 문명의 기초를 닦았어. 하지만 그리스 세계는 폴리스들이 협력하는 국제 사회였지, 하나의 나라는 아니었어. 그래서 폴리스들끼리 늘 서로 경쟁했고 크고 작은 다툼이 있었지. 폴리스들이 협력하는 국제 사회의 균형이 깨지면 큰 위기를 맞을지도 모르는 일이었어. 결국 폴리스들은 두 편으로 갈라져 기원전 431년부터 기원전 404년까지 전쟁을 벌였지. 이를 '펠로폰네소스 전쟁'이라고 한단다. 잦은 다툼과 전쟁으로 크게 흔들린 그리스 세계는 얼마 뒤 강력한 군사력을 앞세운 마케도니아의 침입을 받았고, 그 뒤에는 결국 이탈리아 반도에서 자라난 로마에게 완전히 정복당했지.

하지만 마케도니아인이나 로마인들도 그리스를 힘으로 정복했을지언정, 그들의 빼어난 학문과 예술, 수준 높은 문화만은 존중하며 부지런히 배웠어. 이렇게 해서 그리스 문화는 아직 야만인에 지나지 않았던 유럽 사람들이 문화인으로 탈바꿈하는 데 큰 영향을 끼쳤고 후대에까지 전해지게 된 거란다.

유럽인의 모국,
로마의 등장

대제국의 역사가 깃든 로마

로마는 하루아침에 이루어지지 않았다.

모든 길은 로마로 통한다.

많이 들어 본 글귀들이지? 세계에는 수많은 도시가 있는데, 왜 하필 그
중에서도 로마에 대해 이런 말들이 전해지는 걸까? 지금은 로마가 이
탈리아의 수도에 지나지 않지만, 사실 로마는 세계의 어느 도시와도
비교할 수 없는 굉장한 역사를 지니고 있어.

지금부터 약 2700년 전, 지금의 로마가 있는 바로 그 자리에 작은
도시 국가가 세워졌어. 그 뒤 이 나라는 이웃 나라들을 누르고 이탈
리아 반도 전체를 정복하더니, 계속 세력을 키워 서쪽으로는 지금의

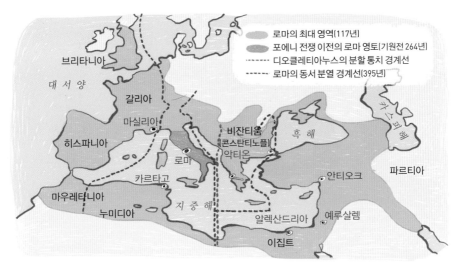

로마 제국의 최대 영역 2세기에 로마는 유럽, 아시아, 아프리카에 걸친 대제국을 건설했다.

에스파냐, 프랑스, 영국까지 지배했어. 남쪽으로는 찬란한 고대 문화를 일구었던 이집트를 포함해 아프리카 북부 지역까지 세력을 넓혔고, 동쪽으로도 힘을 뻗쳐 그리스 반도와 소아시아 지역까지 차지했지. 당시 유럽 주변에서 사람이 살 만한 땅은 모두 로마의 영토였단다. 유럽의 입장에서 보면 이는 세계를 통일한 것이나 다름없었어. 그래서 로마를 '세계 대제국'이라고 부르기도 해.

로마는 규모도 엄청나게 큰 나라였지만, 대제국을 이루며 발전했던 기간도 무려 1000년이 넘어. 기록에 따르면, 도시 국가 로마는 기원전 753년에 세워졌고, 서로마 제국이 476년에 몰락했거든. 이렇게 넓은 지역이 오랫동안 한 나라로 유지되면서 사람들은 자연스레 같은 말을 쓰고, 비슷한 생활을 하며, 생각도 서로 닮아 갔어. 하나의 뚜렷한 문화권이 생겨나게 된 거지.

로마는 광대한 지역을 정복하면서 앞서 발달한 여러 민족의 문화

카피톨리노의 암늑대 로마 건국 신화에 등장하는 늑대 조각상. 이 늑대가 로마를 건국한 쌍둥이 왕인 로물루스와 레무스를 키웠다고 전해진다.

를 받아들여 자기들 방식으로 발전시켰어. 이렇게 형성된 로마 문화의 씨앗은 로마 제국이 번성하는 오랜 기간 동안 로마가 정복했던 모든 지역에 뿌려졌지. 그리고 이 씨앗은 로마가 멸망한 뒤에도 살아남아 후세 사람들에게 유산으로 전해졌어. 한 역사가는 로마 문명을 커다란 호수에 비유하며 이렇게 말했어.

로마는 커다란 호수와 같다. 로마 이전에 발달했던 모든 문명의 물줄기는 그 호수로 흘러들었다. 그리고 로마 이후에 발달한 모든 문명의 물줄기는 그 호수에서 흘러나왔다.

로마의 합리적인 사고방식은 유럽 문화의 기초

오늘날 유럽은 여러 나라로 갈려 있지만, 따지고 보면 모두 한때는 로마의 땅이었거나 로마의 영향력 아래 있던 지역이야. 그러니 지금의 유럽 문화는 로마 문화의 기초 위에 세워진 거라고 할 수 있지. 이후 유럽은 세계에서 가장 잘사는 지역으로 발전했고, 유럽의 문화와 제도는 세계 곳곳으로 퍼져 나갔어.

지금의 우리에게도 로마 문화가 끼친 영향은 꽤 크다고 할 수 있어. 옛 로마 사람들은 무엇보다도 합리적인 사고방식을 물려주었지. 합리적인 사고방식이란 사물의 이치를 꼼꼼히 따지고 어떤 일의 원인과 결과를 생각해 보는 것을 말해. 지금은 아주 자연스러운 방법이지만, 아직 사람들의 이성이 채 깨어나지 않았던 고대에는 이런 식으로 생각하는 것이 쉽지 않았단다. 사람들은 주변에서 일어나는 일들에 대해 덮어놓고 신의 뜻이라고 믿는가 하면, 그에 대한 대응이나 행동도 충동적이고 감정적이었지.

그런데 로마 사람들은 일의 여러 가지 경우를 잘 따져서 생각하는 방법을 발전시켰어. 이렇게 합리적인 태도를 갖게 되면, 충동적인 행동에서 벗어날 수 있고 쓸데없는 편견에 빠져들지도 않지. 그래서 로마인들은 자신과 다른

로마의 비너스 상
그리스의 유명한 조각가 프락시텔레스의 작품을 모방. 변형하여 만든 로마 시대의 작품.

생각을 하는 사람이나 적에 대해서도 매우 포용적인 태도를 보였어. 로마인들은 한번 싸운 적이라고 해서 무조건 노예로 삼기보다는 서로 돕는 동맹 관계를 맺는 것이 나라를 지키는 데나 다른 지역을 정복할 때 더욱 도움이 된다고 생각했어. 또 자신들이 정복한 민족에게도 배울 점이 있다면 열심히 배워서 더욱 발전시켜 나갔지. 특히 그들은 자신들보다 앞서 문화를 꽃피웠던 그리스로부터 많은 것을 배웠어. 이런 합리적인 태도는 로마가 커다란 나무로 성장해 가는 데 중요한 자양분이 되었단다.

고대 로마의 시민 광장 유적지 가운데에 '로마의 포럼'이라고 불리는 사각형의 광장이 있고, 그 주변에 신전, 정부 청사 등의 흔적이 남아 있다.

현대 정치 제도와 법의 고향

로마가 우리에게 남겨 준 정신적인 유산이 또 있단다. 무엇보다 로마는 나라의 원칙을 정하고 나라 살림을 해 나가는 데 훌륭한 본보기를 보여 주었어. 로마인들은 나라가 발전하는 데 필요한 여러 정치 제도와 법을 만들어 냈는데, 훌륭한 원칙을 지니고 있을 뿐 아니라 매우 효율적인 방법이었기 때문에 그 유산이 오늘날 민주주의 국가로까지 이어지고 있단다.

농사짓고 양 치는 사람들이 세운 작은 도시 국가에서 전 유럽을 차지할 만큼 큰 나라로 발전하는 동안, 로마는 크고 작은 전쟁을 치러야 했어. 숱한 전쟁을 치르면서도 나라가 혼란에 빠지지 않고, 시민들이 뜻과 힘을 합하기 위해서는 나라의 일을 해 나가는 방법들을 자세하게 정해 놓고 모두 잘 따라야 했지. 그래서 로마에서는 일찍부터 정치 제도가 발달했던 거야.

로마 사람들은 나라의 일을 처리하는 제도를 만들 때 몇몇 특권층이 아닌 시민 모두에게 고루 이익이 되는 정치를 해야 한다는 원칙에 따랐어. 이는 로마가 그토록 큰 나라로 성장할 수 있었던 힘이기도 했지. 로마처럼 여러 사람이 뜻을 모아 구성원 모두에게 골고루 이익이 돌아가도록 다스리는 나라를 '공화국'이라고 해. 사실 오늘날 대부분의 나라들은 로마의 공화국 제도를 정치 제도의 바탕으로 삼고 있어. 1789년, 프랑스에서 혁명이 일어나 왕을 몰아내고 시민들의 손으로 다스리는 나라를 세우려 했을 때 그들이 받아들인 제도가 바로 로마의 공화정 제도였거든. 이후 프랑스 혁명은 전 세계에 큰 영향을 주었지. 지금 우리나라도 민주 공화국이야. 국민들이 선거를 통해 국민의 대표를 뽑고 국회에서 국민의 뜻을 모아 나라 살림을 해 나가는 우리의 제도도, 따지고 보면 로마에서 온 거라고 할 수 있어.

정치 제도와 함께 로마가 남긴 또 하나의 중요한 유산이 있어. 오늘날 모든 나라에는 법이 있어서 사회의 틀과 운영 원리가 모두 법을 기초로 하고 있어. 국민의 권리와 의무도 법에 따라 정해지고 있지. 그런데 이렇게 법에 의해 나라를 다스리는 것도 로마가 물려준 유산이란다. 오늘날 세계 여러 나라 법들의 모범이 된 것은 혁명 이후 프랑스에서 나폴레옹이 새로 만든 법이었어. 1804년에 만들어진 이 나폴레옹 법전은 바로 로마법에 뿌리를 두고 있지. 그러니 오늘날 여러 나라의 법들은 모두 로마법의 후손인 셈이야. 그래서 흔히 로마법을 두고 '모든 법의 어머니'라고 한단다.

이렇듯 로마는 오늘날 국가와 사회를 이루는 데 기본이 되는 법과 제도를 남겨 놓았어. '로마는 하루아침에 이루어지지 않았다.'라는 서양 속담에서 보듯이, 로마의 훌륭한 법과 제도는 순식간에 뚝딱 만들어진 것이 아니야. 로마 사람들은 많은 노력을 했단다. 각자의 이익을 놓고 다투던 사람들이 자신과 다른 입장을 받아들여 양보하고 이미 만들어 놓은 법과 제도라도 잘못된 것은 고쳐 가면서, 모두의 뜻과 힘을 모을 수 있는 방법을 찾아 나간 거지.

귀족과 평민이 다투면서 얻은 교훈

로마도 처음에는 많은 재산을 가진 귀족들과 그들의 지배를 받는 평민들이 확실히 나뉘어 있는 나라였어. 나라의 중요한 일들은 귀족들의 모임인 원로원에서 결정했지. 이때 로마에는 '콘술'이라는 군대의 총사령관이자 나라를 다스리는 우두머리가 2명 있었어. 오늘날의 대통령과 비슷한 역할을 하던 사람이었지. 그런데 귀족들만 이 콘술이 될 수 있었단다. 이렇게 나라가 귀족을 중심으로 돌아가니 귀족들에게만 많은 이익이 돌아가는 것이 당연했고, 평민들의 불만은 점점 더 커졌어.

게다가 로마는 끊임없이 전쟁을 치르면서 너른 땅을 얻었지만, 막상 전쟁터에 나가 전투를 치른 평민들에게는 아무런 이득이 없었어. 오히려 평생을 몸 바쳐 나라를 위해 싸운 늙은 병사에게 돌아오는 것은 만신창이가 된 몸과 막막해진 생계, 그로 인해 불어나는 빚이었어. 결국 평민들은 귀족들에 맞서기 시작했지.

늙은 병사의 슬픈 운명

어느 날 로마의 광장에 누더기 옷을 걸치고 머리와 수염은 제멋대로 자란 한 노인이 나타났어. 그는 수많은 전투에 참가해 조국을 지켜 온 병사였어. 한때는 소대장까지 지내며 목숨을 아끼지 않고 용감하게 싸워 왔다고 했지. 그러나 전쟁터에서 돌아와 보니 자신의 집과 농토는 모두 불타 없어졌다는구나. 다시 밭을 일구고 농사를 지었으나 빚만 늘었대. 그러자 곡식을 꾸어 준 부자가 자신을 노예로 만들었다며 하소연했지.

노인의 이야기를 들은 로마의 사람들은 흥분했어. 조국을 위해 평생을 몸 바친 대가가 노예라니, 그런 법을 그대로 둘 수는 없다며 원로원 의사당으로 몰려갔지. 그러나 원로원 귀족들은 이 문제를 심각하게 받아들이지 않았고, 해결하려는 노력도 크게 보이지 않았어.

〈비르기니아 이야기〉 산드로 보티첼리가 16세기에 그린 작품. 로마 시대 귀족에게 딸을 납치당한 비르기니아의 아버지가 봉기를 일으킨 이야기를 그림으로 표현했다.

평민들의 함성

이런 과정을 지켜본 평민들은 조국에게 버림받은 것처럼 느꼈어. 더 이상 자기들을 돌봐 주지 않는 조국을 지키기 위해 싸울 필요가 없다는 생각이 들었지. 그런데 이때 마침 로마에 외적이 쳐들어왔다는 소식이 날아들었고, 평민들에게 군대에 나와 싸우라는 명령이 떨어졌어. 하지만 자신들을 감싸 안지 않는 조국의 법을 따르지 않기로 한 평민들은 로마를 떠나 근처의 산에 틀어박혀 버렸어. '성스러운 산'이라는 뜻을 지닌 사크로몬테였지.

외적과 싸울 병사들을 잃어버린 로마의 귀족들은 그제야 문제가 얼마나 심각한지를 깨닫고 평민들과 협상을 벌였어. 얼마 뒤 사크로몬테 산에서는 온 산이 떠나갈 듯한 함성이 울려 퍼졌어. 그 협상의 결과로 평민들을 위한 법이 발표되었단다. 평민들만의 회의에서 평민의 이익과 권리를 지켜 줄 '호민관'을 뽑기로 한거지. 호민관은 평민의 뜻을 원로원과 콘술에게 전달하고, 그들이 내린 결정 중에서도 평민에게 큰 부담이 되는 일에는 반대할 수 있는 권리를 가진 관리였어. 기원전 494년에 마련된 이 호민관 제도를 통해 로마의 평민들은 처음으로 자신들의 목소리를 낼 수 있는 통로를 갖게 되었어.

값비싼 대가, 켈트족의 침입

평민들은 호민관 제도가 큰 역할을 해 줄 것이라고 기대했어. 그러나 이 제도가 만들어진 뒤에도 평민들은 귀족들과 똑같은 대우를 받지 못했어. 평민들을 위해 일하는 호민관은 2명뿐인 데 비해, 원로원은 물론이고 나라 살림을 하는 높은 관리며 2명의 콘술까지 여전히 귀족들로 이루어져 있었으니까. 평민 병사들은 계속해서 전쟁에 나가 조국의 승리를 위해 목숨을 바쳐 싸웠지만 로마가 새로 차지한 땅 중에서 좋은 땅은 모두 귀족들의 차지였어. 결국 평민들은 로마에 쳐들어오는 적에 맞서 싸우는 한편, 자신들끼리만 이익을 나누어 갖는 귀족들과도 싸움을 벌여야 했어. 한 나라 안에서 이렇게 편이 갈려 싸움이 벌어지면 자연히 나라의 힘은 약해지게 마련이지. 그 결과로 로마는 아주 값비싼 대가를 치르게 돼.

기원전 5세기, 로마의 귀족과 평민들이 싸움을 벌이는 사이에 북쪽에서 켈트족이 로마 도시 한가운데까지 쳐들어왔어. 야만족이었던 켈트족은 사납기로 유명했지. 그들은 전투가 시작되면 옷도 벗어부치고 알몸에 목걸이와 팔찌만 찬 채로 덤벼들었다고해. 적을 죽이면 그 목을 말에 매달아 집으로 가져가서 기름에 담가 두기도 했대. 손님이 오면 자랑하기 위해서였다지. 이렇게 사나운 켈트족이 로마에

청동 전차를 탄 켈트족 알몸으로 창을 들고 멧돼지를 사냥하는 용맹한 켈트족의 모습.

들이닥치자 로마 시내는 곧 아수라장이 되었어. 켈트족은 닥치는 대로 사람들을 죽이고, 붙잡아 노예로 삼고, 재산을 빼앗았어. 집과 건물과 시장도 모두 불태웠어. 이는 로마인들이 한 번도 겪어 본 적이 없는 일이었지.

다행히도 시련은 그리 오래가지 않았어. 산속에서 생활해 온 켈트족이 도시 생활에 적응하지 못하고 스스로 로마를 떠나고 싶어 했거든. 게다가 켈트족이 시체를 상수도관에 던져 넣는 바람에 수돗물은 마실 수 없게 되었고, 창고를 모두 불태워 곡식도 떨어졌지. 아무렇게나 버려진 시체들이 썩어 도시에는 전염병마저 돌기 시작했어. 로마인들뿐 아니라 켈트족 병사들도 날마다 죽어 나갔어. 로마인들은 이 틈을 타서 켈트족에게 금 300킬로그램을 주며 로마에서 나가 달라고 빌었어. 치욕스러운 일이었지만, 그 밖에는 달리 방법이 없었지. 이로써 7개월 동안 온 도시를 판치고 다닌 켈트족이 떠나가고, 로마에는 평화가 찾아왔어.

시민 모두의 나라로 거듭난 로마

켈트족의 침입으로 로마는 이루 말할 수 없을 만큼 파괴되었고, 로마인들의 자존심은 깊은 상처를 입었어. 하지만 이 일로 인해 로마는 무엇과도 바꿀 수 없는 귀중한 교훈을 얻었지. 시민에게 이익을 고루 나누어 주지 않는 나라는 시민 모두의 조국이 될 수 없다는 교훈이었어.

귀족들은 더 이상 자신들의 이익만을 앞세우지 않고 지금껏 귀족들이 독차지해 온 콘술과 관리의 자리를 평민에게도 내주었어. 귀족

고대 로마의 원로원 회의 이탈리아 상원에 전시되어 있는 19세기 그림이다.

이든 평민이든 가리지 않고 자유로운 선거를 통해 나랏일을 맡아 할 사람들을 뽑기로 한 거야. 그리고 이렇게 나랏일을 맡아서 해 본 경험이 있는 사람은 누구나 원로원 의원이 되어, 로마의 중요한 일을 결정할 때 자신의 의견을 내놓을 수 있도록 했어. 그때껏 귀족들의 모임이었던 원로원도 나라를 잘 다스릴 수 있는 실력을 가진 사람들의 모임으로 바뀌게 된 거야.

이제 로마는 시민들의 이익을 골고루 돌보았고, 이러한 원칙과 결정을 모두 법으로 만들어 시민들 앞에서 발표했어. 그제야 비로소 조국의 품 안에 온전히 안긴 로마 사람들은 로마를 위해 뜻과 힘을 모았단다. 이러한 바탕 위에서 로마는 세계로 뻗어 나갈 수 있었고, 현대 국가의 기초가 된 정치 제도와 법을 후세까지 전하게 된 거야. 물론 시민 모두를 위한 제도를 가진 나라만이 발전할 수 있다는 교훈도 함께 물려주었지.

지중해 제국을 향하여, 로마의 전쟁

로마는 어떻게 승리를 거듭했을까?

작은 도시 국가로 출발한 로마는 수많은 전쟁에서 승리를 거두면서 지중해를 가운데 두고 유럽과 아프리카, 아시아의 세 대륙에 걸친 커다란 제국으로 성장했어. 하나의 법으로 여러 민족을 지배하는 유럽 최초의 통일 국가를 형성한 거지.

　하지만 로마가 처음부터 유럽을 통일할 만한 세력으로 떠올랐던 것은 아니야. 로마가 이탈리아 반도를 차지하기 위해 맞싸워야 했던 적들은 로마보다 문화적으로 앞선 도시 국가들이었어. 또 지중해를 정복할 때 싸운 상대는 '바다의 왕자'라고 불릴 만큼 막강한 군사력을 지닌 카르타고였지. 전쟁에서 힘센 적을 만나는 것은 최고의 불운이라고 할 수 있어. 그런데 로마의 힘은 바로 이런 불운을 행운으로 돌려놓은 데 있었어. 여러 면에서 후진국이었던 로마가 전쟁에서 승리를 이어갔던 데에는 그들만의 비결이 있었지.

그 비결이란 바로 적에게 배우는 것이었어. 로마인들은 적에게 자신들보다 우월한 면이 있으면 존중하고 배워서 자기 것으로 만들었어. 다시 말하면 로마에게 전쟁은 선진 문화를 흡수하는 가장 적극적인 방법이었던 셈이야. 예를 들어, 로마에게 지중해의 패권을 안겨 준 포에니 전쟁에서도 로마는 적에게 많은 것을 배웠어. 그때껏 바다에서 전투를 치른 경험이 전혀 없던 로마는 전쟁 기간 동안 카르타고에게서 배를 만드는 방법부터 해전에 필요한 군사 기술에 이르기까지 차근차근 받아들였어. 그리고 힘겨루기에서 승리하자 곧바로 바다의 왕자 자리까지 물려받았지.

한편 로마는 정복한 적들을 현명하게 다루었어. 다른 언어와 문화를 가진 이탈리아 반도의 여러 민족을 정복하면서, 로마는 민족에 따라

트라야누스 황제 기념주
로마의 트라야누스 황제가 다키아와의 전쟁에서 이긴 것을 기념하는 기둥.

다른 정책을 썼지. 어떤 곳에서는 적을 정복하고 나면 그들과 동맹 관계를 맺거나 자치권을 주었고, 어떤 곳에서는 땅을 빼앗고 가혹하게 대하기도 했어. 하지만 어떤 정책을 쓰더라도 결국 로마는 이들을 자기편으로 만들어 다음 전쟁 때 필요한 군사를 얻었어. 계속해서 새로운 적을 상대해야 했던 로마로서는 일단 정복한 적이 배신하지 않도록 통합하여 전쟁에 필요한 군사를 얻는 것이 중요했기 때문이야.

또 군대를 합리적으로 운영한 것도 많은 전쟁에서 로마를 승리로 이끄는 힘이었어. 로마의 군대는 엄격한 상벌 제도를 통해 병사들이 조국을 위해 헌신적으로 싸울 수 있도록 이끌었어. 공을 세우면 반드시 보상을 해 주고 잘못을 하면 그에 마땅한 벌을 주니, 병사들이 싸움에서 물러서는 법 없이 앞다투어 공을 세우기 위해 노력했던 거야.

자, 이제 로마의 정복 전쟁 과정을 좀 더 자세히 들여다보자. 로마가 전쟁에서 연이어 승리를 거둘 수 있었던 요인을 찾아보는 것은, 로마를 로마답게 만든 특성을 알아보는 일이자 최초로 유럽 세계를 통일한 로마의 힘을 이해하는 길이기도 해.

끊임없이 계속된 정복 전쟁

라틴족이 이탈리아 중부에 로마를 세웠을 때, 이탈리아 반도에는 이미 로마보다 문화가 발달한 도시 국가들이 오랜 역사를 자랑하고 있었어. 반도 북쪽에는 매우 발달한 기술을 지닌 에트루리아인들의 도시가 있었고, 남쪽 지중해 바닷가에는 그리스인들이 세운 도시들이 있었지. 이런 도시 국가들은 바다를 오가며 장사를 해서 많은 돈을 벌어들였고, 외국의 발달한 문물을 접하며 세련된 문화를 발전시켜 가고 있었어. 그에 비하면 육지에 틀어박혀 농사나 지으며 외국 문화라고는 볼 기회조차 없던 로마 사람들은 촌뜨기나 다름없었지. 하지만 로마는 앞선 문화를 지니고 있던 여러 도시 국가를 차례로 정복해 나가며 그들의 문화를 자기 것으로 받아들였어. 그리고 얼마 지나지 않아 이탈리아 반도를 통일하는 데 성공했지.

로마는 여기서 멈추지 않고 바다로 나아갔어. 로마가 이탈리아를 통일할 무렵 지중해에서 가장 세력이 강했던 나라는 카르타고였어. 아프리카 북부, 지금의 튀니지에 자리 잡고 있던 카르타고는 무역을 통해 많은 돈을 벌어들였을 뿐 아니라, 배를 만들고 다루는 기술도 무척 뛰어난 나라였어. 카르타고의 배는 평상시에는 장사를 하는 데 쓰이지만 일단 전쟁이 나면 군함으로 바뀌었어. 그러니 카르타고는 누구도 감히 넘보기 어려운 지중해 최고의 해군 대국이었지.

당시 지중해는 힘센 나라라면 누구나 욕심을 낼 만큼 매력적인 바다였어. 높은 문화 수준을 지닌 부유한 도시 국가들이 모두 지중해 주변에 자리 잡고 있었기 때문에, 지중해는 무역과 교류의 직접적인 통로였거든. 그러니 이 바다를 지배하는 나라는 전 유럽을 지배하는 나라로 성장해 갈 가능성이 아주 높았어.

이렇듯 중요한 지중해에서 세력을 떨치며 '바다의 왕자'로 불리던 카르타고와 이제 막 이탈리아 반도를 통일한 로마는 엎드리면 코 닿을 곳에서 서로 마주 보고 있었어. 게다가 카르타고는 이탈리아 반도의 발부리에 있는 시칠리아 섬의 일부를 지배하고 있었지. 사실상 카르타고와 로마는 코를 맞대고 있었던 셈이야.

처음 로마를 바다로 불러낸 것은 시칠리아였어. 이탈리아 본토와는 달리 평야가 넓고 땅이 비옥해서 밀 농사가 잘되는 시칠리아를 차지하기 위해 로마는 카르타고와 전쟁을 벌였어. 23년이나 이어진 전쟁의 승리는 로마에게 돌아왔지. 이로써 로마는 시칠리아 섬은 물론 그 주변 바다까지 차지했단다. 그 뒤 자존심이 상한 카르타고는 바다로 머리를 내민 로마를 다시 육지로 몰아넣기 위해 복수전을 걸어왔어. 이때 활약한 카르타고의 장수 한니발은 수많은 일화를 남겼지.

기원전 218년, 역사상 가장 뛰어난 장수 중 하나로 꼽히는 한니발은 한겨울에 코끼리 부대를 이끌고 험한 알프스를 넘어 로마로 쳐들어왔어. 이는 아무도 예상하지 못한, 로마군의 허를 찌르는 전술이었지. 그 뒤 벌어진 칸나에 전투에서 로마는 처참한 패배를 당했어. 이후 한니발은 10년 동안이나 이탈리아 남부 지방에 들어앉아 있었는데, 로마의 젊은 장군 스키피오가 카르타고를 공격했을 때에야 비로소 물러갔어. 그 뒤 한니발은 결국 스키피오에게 패배했고, 그와 함께 전쟁도 막을 내렸어.

이렇게 로마가 카르타고와 싸운 전쟁을 '포에니 전쟁'이라고 해. 로마가 시칠리아를 차지했던 처음 23년 동안의 전쟁을 '제1차 포에니 전쟁'(기원전 264~기원전 241년), 카르타고가 로마에 쳐들어온 두 번째 전쟁을 '제2차 포에니 전쟁'(기원전 218~기원전 202년)이라고 하지. 이 전쟁은 로마에게 무척 큰 시련이었어. 한니발의 군대가 이탈리아 반도를 휩쓸고 다니는 바람에 피해가 이만저만이 아니었지. 하지만 끈기 있고 침착한 로마인들은 끝내 카르타고를 몰아내고, 카르타고가 차지하고 있던 지중해 지배자의 자리를 넘겨받았어. 그뿐만 아니라 바다 건너 더 넓은 세계로 뻗어 나가 세계적인 대제국을 이룰 수 있는 발판도 마련했단다.

스키피오 장군 기원전 202년에 아프리카 자마에서 한니발의 군대를 물리쳤다.

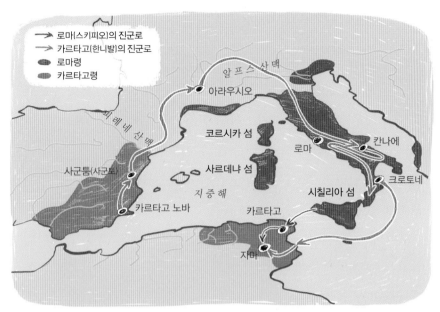

포에니 전쟁 제2차 포에니 전쟁 당시 한니발의 진로.

적에게 배우다

로마의 건축 기술은 무척 뛰어났다고 알려져 있어. 그런데 이렇게 훌륭한 로마의 건축 기술은 에트루리아인에게 배운 거란다. 이탈리아 반도 북쪽의 에트루리아는 로마보다 훨씬 발달된 기술을 가지고 있었어. 로마인들이 에트루리아의 도시 베이를 점령했을 때, 로마 사람 중에는 수도를 아예 베이로 옮기자고 주장한 이도 있을 정도였대. 에트루리아를 정복한 로마는 에트루리아인들에게 도시 건축을 맡겼어. 에트루리아인에게서 건축 기술을 전수받은 로마인들은 이후 목욕탕과 극장, 다리, 상하수도 시설 등 훌륭한 건축물을 건설했어. 이 건축물 중에는 아직까지 남아 있는 것들도 있단다. 로마의 뛰어난 건축 기술의 바탕에는 에트루리아의 기술이 있었던 거야.

로마인들은 이렇게 자신들이 정복한 민족의 앞선 문물을 받아들이는 데 매우 적극적이었어. 남쪽의 그리스를 정복했을 때도 마찬가지였지. 로마는 그리스의 도시들을 힘으로 정복했지만, 그들의 문화와 지식은 매우 존중했어. 그리스인에게 자신들의 말인 라틴어를 쓰라고 강요하는 대신 오히려 자신들이 그리스어를 배워서 그들이 써 놓은 책들을 읽었지. 또 로마 사람들은 그리스인들을 데려다 자식을 가르치게 했어.

로마가 카르타고와 시칠리아 섬을 놓고 싸울 때도 그랬어. 로마인들은 그때껏 바닷물에 발을 적셔 본 적도 없는 사람들이었어. 반면에 카르타고는 노잡이만 300명에 이르는 5층짜리 배를 수백 척이나 갖고 있었지. 처음 전쟁이 벌어졌을 때, 로마는 동맹국 나폴리에서 배를 가져다 썼어. 그런데 제대로 훈련받은 노잡이들이 없어서 배가 똑바로 나아가기도 힘들 지경이었대. 아마 카르타고의 해군들은 이 모습을 보고 웃음을 터뜨렸겠지. 하지만 로마군은 기가 죽거나 지레 겁

치비타 디 바뇨레조 에트루리아인들의 훌륭한 건축 기술을 느낄 수 있는 도시.

을 먹지 않았어. 그들은 부서진 카르타고 배의 조각들을 이어 붙여 가면서 배 만드는 방법을 배워 나갔고, 카르타고 배의 움직임을 잘 관찰하며 노잡이도 훈련시켰어.

　로마인들은 이렇게 적에게 배운 기술에다 자신들의 창의성을 덧붙였어. 배의 돛에 길게 펼쳐지는 사다리 같은 장치를 달아서 적의 함대에 가까이 갔을 때 이 장치를 펼쳐 적의 배로 넘어갈 수 있는 다리를 놓았어. 이 다리를 통해 로마 병사들은 적의 갑판으로 건너가 싸울 수 있었단다. 카르타고는 바다에서 싸워 본 경험이 많지만 로마인들은 땅에서 싸운 경험이 많은 육군이야. 그래서 적의 갑판에 올라가 육지에서 싸우던 방식으로 싸우는 것이 유리했던 거지. 로마인들은 자신들이 개발한 '까마귀'라고 불린 이 장치의 도움으로 카르타고 군을 물리치고 함대를 침몰시켰어. 적에게서 발전된 기술을 배우고 그 기술을 자기의 것으로 만들어 결국 수백 년 전통을 지닌 해군 대국의 무릎

까마귀가 장착된 로마의 전함 상상도

을 긇게 했지. 카르타고는 로마인들에게 바다에서 전투를 치르는 방법을 가르친 스승이었고, 로마는 스승을 뛰어넘은 제자였던 셈이지.

이런 특성을 지닌 로마인들 사이에서 스키피오 같은 장군이 나온 것은 어쩌면 당연한 일이었어. 로마가 한니발에게 온갖 수모를 겪는 동안, 로마의 청년 스키피오는 적장의 뛰어난 전술을 침착하게 배웠어. 스키피오는 한니발이 로마에게 했던 것과 똑같은 방식으로 한니발의 본부가 있는 에스파냐를 휩쓸고, 그의 조국 카르타고로 쳐들어 갔어. 그리고 마침내 한니발을 꺾고 로마의 승리를 이끌어 냈지. 이렇게 로마인들은 스스로의 부족함을 숨기려 하지도 않았고, 허둥대며 포기하지도 않았어. 시간이 많이 걸려도 차근차근 적에게 배워서, 끝내 적을 뛰어넘는 사람들이었지.

동맹국들이 배신하지 않은 이유

로마인들은 이탈리아 반도를 통일할 때, 다른 도시 국가들을 정복한 뒤 동맹국으로 삼았어. 무조건 힘으로 눌러 지배하려 하지 않고 그들의 생활 방식을 인정해 주며 '친구 나라'로 만들었던 거야.

동맹국 사람들은 전쟁에서 졌어도 로마인들의 노예가 되거나 로마에 많은 세금을 바치지 않아도 되었어. 자신들의 도시에서 이전과 다를 바 없는 생활을 누릴 수 있었지. 그들에게 달라진 점이라면 로마가 다른 나라와 전쟁을 할 때 군대를 보내 도와야 한다는 것이었어. 전쟁을 할 때도 로마는 자기 나라의 군대가 먼저 앞장을 서고, 동맹국들은 뒤에서 돕도록 했어. 그렇지만 전쟁이 끝나면 전쟁에서 이겨

얻은 이익을 똑같이 나누었지. 이렇듯 로마는 정복한 나라들을 억누르고 감시하는 대신 친구 나라로 만들어 힘을 합쳐 나갔어.

이렇게 한때 적이었던 다른 민족을 인정해 주고 동맹국으로 삼는 일은 로마에게도 큰 이득이었어. 적을 친구로 만들면, 적을 계속 억누르고 감시하느라 힘을 낭비하지 않아도 되고 오히려 도움을 받을 수 있었으니 일석이조였던 셈이지. 정복한 민족을 억누르는 데 많은 힘을 쏟았다면 로마는 그토록 큰 나라로 성장할 수 없었을 거야.

동맹국들이 로마의 이런 정책을 환영한 것은 당연한 일이었어. 그들은 싸움에서 졌는데도 자신을 인정해 주고 노예가 아닌 친구로 삼는 로마를 고맙게 여겼고, 로마가 어려운 상황에 처했을 때도 로마에 등을 돌리지 않았어.

포에니 전쟁 때 한니발이 이탈리아 반도를 누비고 다녔어도 로마가 큰 위기를 겪지 않았던 것은 바로 동맹국들이 로마를 배신하지 않았기 때문이야. 머리가 좋은 한니발은 로마를 이기려면 먼저 동맹국들이 로마에게서 떨어져 나가게 해야 한다고 생각했어. 날갯죽지가 잘려 나간 새는 날 수 없듯이, 동맹국들이 떨어져 나가면 로마는 힘을 쓸 수 없게 되리라 생각한 거지. 그래서 한니발은 전쟁에서 붙잡은 포로 가운데 로마의 병사들은 처형했지만 로마 동맹국의 병사들은 모두 풀어 주었어. 그리고 자신의 나라에 돌아가 한니발은 동맹국을 해칠 생각이 없으며 오로지 로마를 치려고 할 뿐이라는 이야기를 꼭 전하라고 했어. 하지만 한니발이 바라는 일은 일어나지 않았어. 스스로 로마에 등을 돌리고 한니발 앞에 엎드린 동맹국은 하나도 없었어.

로마군은 왜 강했을까?

자, 그런데 아무리 승리에 필요한 여러 가지 요건을 갖추었다고 해도 군대가 강하지 못하면 아무 소용이 없겠지? 정작 전쟁에서 이기려면 군대가 싸움을 잘해야 하니까. 로마의 군대가 그토록 많은 전쟁에서 이길 수 있었던 이유는 무엇일까?

로마의 병사들은 키는 작은 편이었지만 체격이 탄탄하고 싸움에 나서면 무척 용맹했다고 알려져 있어. 당시 전투는 이런 병사들이 대열을 이루고 서서 지휘관의 지휘에 따라 움직이며 적군을 향해 나아가 맞서 싸우는 식이었어. 대열 양 옆으로는 말을 탄 병사들이 함께 적진을 향해 나아가지.

이렇게 대열을 이룬 채 적과 맞붙어 싸우는 전투에서는 어느 한두 명만 싸움을 잘한다고 전투에서 이길 수 없어. 병사들 모두가 끝까지 자기의 위치를 지키면서 싸워야 이길 수 있지. 로마의 군대는 병사들이 죽음 앞에서도 물러서지 않도록 하기 위해 엄격한 규율을 세웠어. 전투에서 자기 자리를 지키지 않고 도망가거나 무기를 버린 병사에게는 엄벌이 내려졌지. 군법 회의의 판결을 거쳐 겁쟁이 병사는 다른 병사들의 곤봉과 돌에 맞아 죽는 벌을 받았고, 심지어 보초를 서다가 잠들거나 임무를 게을리한 병사도 사형을 당했어. 물론 상을 주는 경우도 정해져 있었어. 전투에서 특히 용감하게 싸운 병사에게는 쇠로 만든 잔을 주어 칭찬했고, 성을 공격할 때 가장 먼저 성에 매달린 병사에게는 황금 사슬을 주었어. 이렇게 엄격한 규율과 애국심으로 무장한 로마 병사들은 아무리 강한 적 앞에서도 죽을 때까지 자기 자리에서 물러서지 않았어. 병사들의 헌신을 요구한 로마 군대의 엄격한 규율은 로마가 많은 전투에서 잇단 승리를 거두는 데 아주 중요한 역할을 했던 거야.

그럼, 로마에서는 어떤 사람들이 병사가 되었을까? 로마 시민들은 누구나 16세부터 60세까지는 군대가 부를 때 전쟁터에 나가 싸워야 했어. 해마다 군대에 갈 사람을 새로 뽑았고, 병사들뿐 아니라 대장도 새로 임명했어. 그래서 로마 시민들은 번갈아 가며 전쟁터에 나갔고, 전쟁터에 나가지 않는 해에는 자신의 일상으로 돌아갔어. 전쟁이 계속 이어지더라도 시민들의 생활이 유지될 수 있도록 배려한 거

2세기 로마 병사의 복장

야. 로마 병사들은 이렇게 시민으로서 평등한 기회를 가진 사람들이었기 때문에 전쟁터에서 목숨을 바쳐 싸울 수 있었어.

로마 시민들은 군대에 나가 싸우는 것을 명예로운 일로 여기며 몰래 뒤로 빠지려는 생각을 하지 않았대.

이렇게 해마다 병사들을 새로 모집하면 군대의 질서를 유지하고 군대를 효율적으로 운영하기 위한 장치가 필요해. 특히 군대는 많은 사람의 목숨이 걸린 전투를 치르기 위한 조직이기 때문에 다른 어느 곳보다도 흐트러짐이 없어야 하지. 원래 무슨 일이든 규

군단 사령관의 모습

칙을 잘 만들곤 하던 로마인들은 군대에서도 자세한 규칙을 만들어 지킴으로써 이 문제를 해결했어. 군대에서 일어나는 모든 일에 대해 규칙을 정해 꼼꼼히 적어 놓았기 때문에, 아무리 사람이 바뀐다 해도 규칙을 따르기만 하면 질서가 흐트러지지 않았어. 그들은 전쟁터에서 싸울 때 일어나는 일들뿐 아니라 군대가 행진할 때는 어떤 순서로 가야 하는지, 잠자리를 마련할 때에는 어떤 방법으로 해야 하는지까지 모두 정해 놓고 따랐지.

이처럼 로마인들은 규칙에 따라 질서를 지키는 일이 얼마나 편리한 일인지 잘 알고 있었어. 하지만 한번 정해 놓은 것을 끝까지 고집하다 보면, 규칙이 현실과 잘 맞지 않아서 오히려 불편을 겪는 일도 생기게 마련이야. 로마인들은 이럴 때 망설이지 않고 새 규칙을 만들었어. 함부로 규칙을 저버리지도 않지만 쓸데없이 옛것에 매달리지도 않는 합리적인 태도를 가졌던 거야. 이는 로마인들이 가진 가장

로마 군인의 전투 장면 트라야누스 황제 기념주에 조각된 전투 장면.

큰 장점이라고 할 수 있어.

그런가 하면 로마인들의 관용적인 태도는 로마의 군대를 더욱 강하게 만들었어. 로마인들은 전쟁에서 지더라도 그 군대의 장군과 병사를 탓하지 않았어. 당시 다른 나라에서는 대개 전쟁에서 진 군대의 장군이 돌아오면 그 책임을 물어 사형을 시켰어. 로마와 싸웠던 카르타고도 전쟁에 진 장군을 나무 기둥에 묶어 놓고 찔러 죽였고, 민주 정치가 발달했던 아테네에서도 전쟁에서 진 장군을 처형했어.

반면 로마인들은 전쟁에서 진 장군도 따뜻하게 맞아 주었어. 칸나에 전투가 끝난 뒤 한니발에게 대패하고 겨우 목숨을 건진 장군과 병사들이 돌아왔을 때, 로마의 시민들은 성문 밖까지 마중 나와 그들을 맞이하고 위로해 주었대. 전쟁에서 지더라도 큰 벌이 기다리고 있지 않다는 생각은 로마 군대의 사기를 높여 주었고, 로마의 장군들에게는 마음 놓고 작전을 펼 수 있도록 했어. 또 전쟁에서 진 장군들은 왜 실패했는지 잘 생각해 보고 반성할 기회를 갖게 되어 다음 전쟁에서는 더욱 잘 싸울 수 있었지. 로마인들은 실패에서 더 많은 것을 배워 성공의 밑거름으로 삼았던 거야.

🐎 전쟁의 천재, 한니발

포에니 전쟁의 최대 스타는 카르타고의 장군 한니발이었어. 그는 세계 역사를 통틀어도 몇 손가락 안에 꼽힐 만큼 뛰어난 장군이었지.

한니발의 아버지 하밀카르도 카르타고의 장군이었어. 하밀카르는 카르타고가 로마에게 시칠리아 섬을 빼앗기자 하루빨리 바다에서 세력을 되찾아야 한다고 주장했지. 하지만 정치가들의 뜻이 한데 모이지 않고 우왕좌왕하자, 자신을 따르는 이들을 이끌고 에스파냐로 가서 카르타고의 세력을 되찾기 위한 새로운 군사 본부를 건설했어. 그는 에스파냐로 떠날 때 9살 난 아들 한니발도 함께 데리고 갔어. 그 뒤 한니발은 26세가 되자 아버지가 일군 에스파냐를 지배하게 되었지. 한니발은 어릴 때부터 다짐해 온 로마에 대한 복수를 할 때가 되었다고 생각했어.

기원전 218년 5월, 29세의 장군 한니발은 에스파냐를 떠나 로마로 향했어. 그가 거느린 군대는 10만이 넘었고, 그중에는 코끼리도 37마리나 포함되어 있었어. 한니발은 이 부대를 이끌고 에스파냐와 프랑스 사이에 있는 피레네 산맥을 넘고, 거센 론 강을 건넌 뒤, 다시 프랑스와 이탈리아 반도를 가로막고 있는 알프스 산맥을 넘었어. 이 행로는 아무도 감히 예상하지 못한 길이었어. 특히 한겨울에 코끼리 부대까지 이끌고 험준한 알프스를 넘은 사실은 후세 사람들까지도 놀라게 했지.

전쟁용 코끼리 장식품 기원전 3세기에 캄파니아 지방에서 제작된 그릇으로, 에피루스의 왕 피로스가 로마와의 전투에서 전쟁용 코끼리를 처음으로 사용했다. 이후 제2차 포에니 전쟁에서 카르타고의 장군 한니발이 알프스를 횡단하여 이탈리아를 침공하던 때에도 코끼리를 이용했다.

한니발이 이토록 험한 길을 택한 데는 이유가 있었어. 그는 로마인들이 한번 차지한 곳은 철통같이 요새를 만들어 지키며, 언제라도 군대가 출동할 수 있도록 길을 만들어 둔다는 사실을 잘 알고 있었어. 특히 제1차 포에니 전쟁에서 시칠리아와 주변 바다를 얻은 로마는 남쪽과 서쪽 바다의 방비를 탄탄히 한 뒤, 동쪽 바다로는 다른 지역으로 진출할 채비까지 갖춘 터였거든. 그러니 한니발은 아무리 험한 산맥이 버티고 있다 해도 아직은 방비가 허술한 북쪽 국경을 넘는 수밖에 없다고 판단한 거야. 또 로마 밖에서 싸우면 결코 포기하지 않는 로마인들이니, 아예 로마로 쳐들어가 싸우자고 생각한 거지.

한니발의 진로를 알아차린 로마군은 그의 군대가 지나갈 만한 길목을 지켰어. 산에서는 낮은 고갯길을 지키고 강에서는 물살이 약한 하류를 지키는 식이었지. 하지만 한니발은 험한 행로 중에서도 특히 더 험한 길을 골라서 갔기 때문에, 그가 이탈리아 반도로 들어서기 전에 막아 보려던 로마군은 늘 허탕만 치고 말았어. 한니발은 왜 이렇게 험한 길로만 다닌 걸까? 그의 목표는 로마였으니, 로마에 도착하기도 전에 적과 전투를 벌여 병사들을 잃고 싶지 않았던 거야.

물론 한니발 군대의 희

〈**알프스를 넘는 한니발**〉 19세기의 독일 화가가 그린 그림이다.

생도 만만치 않았어. 론 강을 건널 때도
1만 명이 넘는 병사들이 물살에 떠내
려갔고, 알프스에 다다른 뒤에도 수많
은 병사와 코끼리, 짐수레가 끝을 알 수 없
는 낭떠러지 아래로 떨어졌지. 알프스의 지
독한 추위와 싸우다 끝내 얼어 죽고 만 병사
도 적지 않았어. 한니발의 군대가 꼬박 보름 동
안 쉬지 않고 행군해 알프스를 넘는 동안 죽어
간 병사는 2만여 명에 달했어.

한니발 전신상 1704년 프랑스
조각가의 작품이다.

　한니발의 군대는 이탈리아 반도에 들어선 뒤에
도 여전히 쉬운 길을 택하지 않고 로마인들의 예상
을 깨는 길로 다녔어. 그 때문에 로마군은 한니
발의 군대를 따라잡는 것만으로도 애를 먹어
야 했지. 겨우 따라잡았다 해도 한니발의 뛰어
난 지력과 전술 때문에 로마군은 맥없이 지기
만 했어. 두 번을 연거푸 크게 패한 로마군은 한니발의 군대를 양쪽에서 몰
아 공격하는 작전을 세웠지만, 오히려 이를 알아챈 한니발에게 또다시 당
하고 말았지.

　　　　　한니발은 승리를 거듭하며 어느덧 이탈리아 중부
지방까지 내려왔어. 이때 벌어진 칸나에 전투는
로마에게 역사상 가장 큰 패배를 안겨 준 전투
였어. 로마는 이 전투에서 한니발의 군대를 완
전히 눌러야 한다고 생각하고 8만 명이나 되
는 병사를 전쟁터에 내보냈어. 제아무리 뛰어

헨리 2세의 방패 기원전 216년의 칸나에
전투를 조각해 넣은 방패이다.

난 한니발이 있다 해도, 이미 지치고 수도 적은 카르타고의 병사들이 더 이상 버티지 못할 거라고 본 거지. 하지만 한니발은 전쟁의 천재였어. 적은 수의 병사만으로 금세 적군을 에워쌀 수 있는 전략을 통해 로마군을 공격했지. 로마로서는 끔찍한 일이었어. 군사 8만 명 중에서 7만 명이 죽고 1만여 명은 포로가 되고 말았으니까.

칸나에 전투 이후 한니발은 아예 이탈리아 남부 지방에 자리를 잡았어. 그로부터 10년 뒤, 로마의 스키피오 장군이 한니발의 본부가 있는 에스파냐를 휩쓸고 카르타고에 쳐들어갔을 때에야 한니발은 겨우 물러갔단다. 이후 한니발은 결국 자마라는 곳에서 스키피오의 군대에게 지고 말았어. '한니발 전쟁'이라고도 불리는 제2차 포에니 전쟁도 여기서 끝이 났지.

〈자마 전투〉 기원전 202년에 한니발이 패배한 전투 장면. 19세기 프랑스 화가의 작품이다.

잊혀져 가는 로마의 꿈, 공화정의 몰락

로마가 품었던 꿈

테베레 강가, 7개의 낮은 언덕 위에 처음 도시가 세워지던 시절에 로마를 다스리던 왕들은 착한 왕들이었어. 하지만 로마의 일곱 번째 왕은 그렇지 않았지. 그는 거만한 데다 로마 사람들을 위한 정치에는 관심이 없었어. 로마 사람들은 그를 몰아내고, 많은 사람의 뜻을 모아 이익을 고루 나누는 나라를 만들기로 했어.

로마 사람들은 광장에 모여 회의도 하고 선거도 했어. 그리고 어느 한 사람이 마음대로 정치를 좌지우지할 수 없도록 군대의 총사령관이자 나라의 대통령 격인 콘술을 2명 임명했어. 나라의 중요한 일들은 정치에 경험이 많은 사람이 모인 원로원 회의를 통해 결정했어. 원로원은 로마 시민 모두를 위한 정치를 해야 한다는 원칙을 존중했고, 그렇게 하는 것이 로마를 위하는 길임을 인정했지. 그러니까 로마인들은 강력한 한 사람의 지배를 받는 것이 아니라, 시민 모두가 이익을 고루 나누고 함께 하는 정치를 꿈꿨던 거지. 이렇게 로마인들이

로마의 7대 왕 타르퀴니우스(왼쪽)와
그를 몰아내는 데 앞장선 브루투스(오른쪽)

이상적이라고 생각하고 발전시켰던 정치 형태를 '공화정'이라고 해. 하지만 나라를 다스리는 제도들이 완성되고 국토가 넓어지면서 사정은 조금씩 달라지기 시작했어. 부자가 된 정치가들이 모두에게 이익이 골고루 돌아가도록 해야 한다는 원칙을 저버렸기 때문이야.

포에니 전쟁 이후의 사회 변화

작은 도시 국가에서 출발해 세 대륙에 걸친 큰 나라로 팽창하는 동안 로마 사회는 많은 변화를 겪었어. 포에니 전쟁 전만 해도 대부분의 로마 시민들은 필요한 식량을 자신의 농토에서 얻었어. 농토를 많이 가진 경우에는 일손을 사서 농사를 짓고, 남는 땅은 다른 사람에게 빌려주었지.

그런데 16년 동안 이어진 제2차 포에니 전쟁으로 로마의 농토는 황폐화되었어. 전쟁에서 돌아온 병사들은 자신의 농토가 도저히 농사를 지을 수 없을 정도로 파괴된 것을 보고 남의 집 일손이 되기도 했고, 아예 농토를 버리고 도시로 떠나기도 했어. 반면에 부자들은 정

복지에서 들어오는 많은 수입으로 더 넓은 땅을 사들일 수 있었어. 농토는 헐값이었고, 농사를 지을 일손은 정복지에서 싼값에 데려오는 노예들로 채우면 되었지. 이들은 작은 규모로 농사를 짓는 농민들을 쫓아내거나 버려진 농토를 차지한 뒤 많은 노예를 부리며 대규모 농장을 운영하기 시작했어. 이렇게 해서 로마 사회는 많은 땅을 가진 부자와 땅이 없는 가난한 사람들로 뚜렷이 나뉘었어. 그 결과로 로마 사회에는 많은 갈등이 나타났고 공화정의 전통도 위협받게 되었지.

그런가 하면, 정복한 땅에 사는 사람들에 대한 대접도 달라졌어. 로마가 이탈리아 반도를 통일하고 카르타고와 힘겹게 포에니 전쟁을 치를 때만 해도 로마는 아직 젊고 건강한 나라였어. 로마인들은 직접 농사를 지어 식량을 생산했고, 조국을 지키기 위해 스스로 군대에 나갔으니까. 이때까지 로마인들은 이익을 모두 골고루 나눈다는 원칙을 받들었기 때문에 자신과 다른 쪽의 입장도 존중하는 폭넓은 태도를 가지고 있었지. 이런 태도를 가진 로마인들은 정복한 민족을 다룰

포로를 참수하는 로마군 트라야누스 황제 기념주에 조각된 장면이다. 잔인한 정복자로 변한 로마인의 모습을 보여 주고 있다.

때도 당시로선 유례가 없을 만큼 너그러운 정복자였어. 로마인들이 이탈리아 반도를 통일할 때는 정복한 나라 사람들이라도 자기 땅에서 자유롭게 살도록 해 주고, 친구 나라로 만들어 전쟁을 치를 때 도움을 받았거든.

하지만 포에니 전쟁 뒤, 아프리카 북부와 서아시아 지역까지 손에 넣게 된 로마는 더 이상 예전의 너그러운 정복자가 아니었어. 로마인들은 정복한 땅에 직접 관리를 보내 다스리며 많은 세금을 거두었어. 또 그 지역 사람들을 데려다 노예로 팔기도 했지.

로마를 그린 영화를 보면, 화려한 갑옷에 맵시 나는 장화를 신은 로마 관리가 늘씬한 말 위에 앉아 정복한 민족들을 감시하는 모습이 등장하곤 해. 그의 눈은 빈틈없어 보이고, 손에는 채찍이 들려 있어. 언제라도 마음에 들지 않는 행동을 하는 사람이 있으면 내리칠 준비가 되어 있는 거지. 그 아래로는 허리가 구부정한 사람들이 누더기를 걸친 채 일에 지쳐 고통스러운 표정을 짓고 있어. 포에니 전쟁 이후 로마의 모습은 바로 이런 것이었어.

쓰러져 가는 로마의 기둥

로마인들이 정복한 사람들을 지배하는 방식을 바꾸자 로마 사회에는 큰 변화가 생겼어. 정복지의 넓은 땅을 차지하고 그곳 사람들을 노예로 부릴 수 있게 된 로마인들은 엄청난 부자가 되었지. 곳곳에 그들이 운영하는 노예 농장이 생겨났어. 이런 대규모 노예 농장을 '라티푼디움'이라고 해.

로마의 노예 2세기 무렵 일하는 노예의 모습을 담은 로마의 모자이크.

라티푼디움에서는 포도나 올리브를 재배하고, 곡식을 생산하고, 소와 다른 가축들을 길렀어. 이 농장들은 지금 우리가 상상하기 어려울 정도로 큰 규모였단다. 이 무렵 어느 부자의 농장을 예로 들면 농장에서 일하는 노예의 수만 4000명에 달했고, 소가 3000마리, 돼지와 닭 등 가축은 무려 25만 7000마리나 있었대. 게다가 부자들은 이런 농장을 하나가 아니라 곳곳에 여러 개 갖고 있었어.

로마의 원로원 의원들은 이렇게 새로 정복한 땅에서 쏟아져 들어오는 곡식과 노예를 차지했어. 원로원 의원들이 부자가 되는 동안, 자기 힘으로 열심히 농사를 지으며 조국을 위해 싸우던 평범한 로마 시민들은 오히려 가난해졌어. 전쟁터에 나가 싸우느라 농사를 잘 돌보지 못한 데다, 노예 농장에서 생산되는 밀과 포도가 워낙 많으니 힘들게 농사를 지어 생산해 낸 곡물을 제값에 팔기 어려웠거든. 결국 많은 농민이 거지 신세가 된 채 농토를 버리고 부자들이 사는 도시로 몰려들었지.

이제 로마에는 노예 농장을 몇 개씩 가지고 있어서 어느 나라 왕도 부럽지 않을 만큼 떵떵거리며 사는 부자들과 몸뚱이 하나 겨우 가진 빈털터리 거지들이 살고 있었어. 로마의 원로원은 원래 여러 사람의

그라쿠스 형제 티베리우스 그라쿠스는 자작농 육성을 위한 법을 만들다가 반대파에 의해 암살되었다. 가이우스 그라쿠스는 형의 정책을 다시 추진하려 했으나, 실패하여 자살했다.

라티푼디움 라티푼디움에서 노예들이 일하는 모습을 그린 고대 로마의 모자이크.

뜻을 한데 모으고, 모든 사람들에게 이익을 골고루 나눌 수 있는 지혜를 짜던 곳이었지. 그러나 이제는 재물을 가진 사람들이 자기 것을 지키기 위해 꾀를 짜내는 곳이 되고 말았어. 로마 시민들 모두를 위하는 길을 생각하는 원로원 의원은 찾아보기 힘들어졌고, 로마를 위해 목숨을 아끼지 않는 씩씩한 시민 병사도 줄어만 갔어. 건강한 농민이자 씩씩한 병사였던 로마 시민들은 로마를 떠받치는 기둥이나 마찬가지였어. 당시 로마의 상황은 이 기둥들이 쓰러진 것이라고 볼 수 있어. 기둥이 쓰러지면 제아무리 훌륭한 지붕도 견딜 수 없는 법이지.

사정이 이렇게 되자, 로마가 얼마나 위험한지 깨닫고 로마의 기둥을 다시 일으켜 세워야 한다고 주장한 이들이 있었어. 한니발 전쟁에서 로마를 구한 스키피오 장군의 외손자 그라쿠스 형제였지. 그들은 부자들이 독차지한 땅의 일부를 나라에서 거두어들여 가난한 농민들에게 나누어 주어야 한다고 주장했어. 하지만 로마의 부자들은 이 주장을 외면했어. 눈앞의 이익 때문에 로마 전체의 위기를 모른 척한 거야. 게다가 부자들은 서로 더 많은 재물을 차지하려고 자기네끼리도 다투었어.

이렇게 부자와 가난한 사람들로 양극화된 로마는 지붕이 내려앉을 위기를 맞고 있었어. 가난한 시민들이 거리를 헤매게 되자 적들과 싸울 시민군을 제대로 모집할 수 없었어. 그런데 넓은 땅을 정복하고 많은 노예를 거느리게 된 로마는 지킬 것이 많았어. 정복지에서는 다른 민족들이 틈만 나면 로마로부터 독립하려고 반란을 일으켰고, 적지에서 잡아 온 노예들도 잘 지키지 않으면 주인을 위해 일하지 않았으니까. 로마의 위기는 바깥에 지킬 적들은 더 많아졌는데 안에서 부자와 가난한 사람들로 갈려 힘을 모을 수 없었다는 데에서 비롯되었지.

이제 로마의 부자들에게 필요한 건 재물과 노예뿐이었어. 부자들이 먹을 양식을 생산하는 것도 노예였고, 부자들이 마실 술을 빚는 것도, 그들의 옷을 짓는 것도, 심지어 목욕하고 나온 부자의 몸을 닦아 주는 것도, 또 부자들을 위해 노래를 불러 주는 것도 노예였으니까.

부자들은 이렇게 모든 걸 노예에게 시키면서도 노예들을 두 발로 걷는 가축쯤으로 생각했고, 노예 시장에서 쉽게 사고팔았어. 노예를 때리고 죽이는 일도 아무렇지 않게 생각했지. 하지만 비록 로마인들의 말발굽에 짓밟혀 노예가 되었을지라도, 그들은 분명 사람이었어. 그들도 사람답게 대접받고 싶어 했고, 자유롭게 살고 싶어 했지. 결국 견디다 못한 노예들은 큰 반란을 일으켰단다. 그럼, 이 반란을 이끌었던 노예에 관한 이야기를 들어 보자.

스파르타쿠스의 반란

6월의 뜨거운 태양 아래 마차를 끄는 말은 숨을 가쁘게 몰아쉬고 있었어. 그래도 아티쿠스는 말을 더욱 재촉했어. 그는 지금 브린디시에서 카푸아의 자기 집으로 돌아가는 길이야. 더운 날씨 때문에 얼굴이 벌겋게 익었지만 표정만은 매우 흡족해 보였지. 아티쿠스는 카푸아에서 노예 검투사 훈련소를 운영하는 사람이었어. 이번에 전쟁터에서 새로 잡은 노예들이 도착한다는 소식을 듣고 브린디시 항구로 달려가 노예를 사 오는 길이었지. 아티쿠스가 이번에 산 노예는 키가 훤칠하고 근육도 단단해서 잘만 훈련시키면 꽤 써먹을 만한 검투사가 될 것 같았

콜로세움 검투사 경기가 열렸던 로마의 원형 경기장.

검투사 검투사들의 경기 장면을 담은 4세기경의 모자이크.

어. 이 노예의 이름은 '스파르타쿠스'였어.

로마인들은 검투사 경기를 좋아했어. 검투사 경기는 피와 죽음을 보여 주는 끔찍한 경기였지. 무기를 든 2명의 검투사가 경기장 안에서 싸우는데, 살아남기 위해서는 상대방을 먼저 죽이는 수밖에 없었어. 경기장에서는 칼과 칼, 칼과 삼지창, 삼지창과 철퇴가 맞부딪히며 번뜩이는 빛과 요란한 소리를 냈지. 경기는 대개 한쪽이 죽는 것으로 끝났어. 패배한 검투사가 죽지 않았을 때는 관중들이 엄지손가락을 내리꽂는 동작으로 패배자를 죽이도록 했어. 로마인들은 손에 땀을 쥐게 하는 이 경기를 무척 즐겼지만, 아무도 죽는 역할을 맡고 싶어 하지는 않았어. 결국 검투사가 되어 싸우다 죽는 것은 노예들의 몫이었지. 로마인들에게 검투사는 인간이 아니었어. 오직 죽는 장면을 멋지게 보여 주는 구경거리에 불과했단다.

스파르타쿠스는 아티쿠스의 검투사 훈련소에서 무기를 다루는 법과 적을 공격하는 기술, 방어하는 기술을 익혔어. 죽지 않으려면 경기에서 이겨야 했기 때문에 열심히 기술을 익히는 수밖에 없었어. 그는 낮에는 채찍 아래 호된 훈련을 받았고, 밤에는 동물 우리 같은 철창 안에서 잠을 잤어. 자신을 사나운 동물쯤으로 여기는 감시인의 기분 나쁜 눈과 마주칠 때마다, 스파르타쿠스는 인간의 죽음을 구경거리로 삼는 로마인들에게 참을 수 없는 분노를 느꼈어.

기원전 73년, 스파르타쿠스는 검투사 노예 74명과 함께 훈련소의 높은 철책을 넘었어. 다시 로마인들의 사슬에 묶이지 않기 위해 먼 곳으로 탈출한 이들은 카푸아 남쪽의 베수비오 산에 올라 진을 쳤어. 베수비오 산은 그로부터 150년 뒤에 대폭발을 일으켜 산 아래 화려한 도시 폼페이를 통째로 파묻어 버린 바로 그 산이었어. 하지만 이때는 아직 숲이 우거진 조용한 산이었어. 로마인들은 도망친 노예들을 잡아들이려 했지만 검투사 훈련을 거친 노예들은 만만한 상대가 아니었어. 노예 1명이 로마 병사 100명을 당해 낼 정도였지.

스파르타쿠스가 베수비오에 진을 쳤다는 소문은 점점 멀리 퍼져 나갔어. 그러자 베수비오 산 남쪽의 대규모 노예 농장에서 일하던 노예들이 괭이와 가래를 든 채 스파르타쿠스를 찾아왔어. 돌을 깎아 집을 짓던 노예도, 주인을 위해 옷을 짓던 노예도 자유를 찾아 베수비오 산으로 왔어. 베수비오 산은 노예들의 기쁨의 눈물과 웃음소리로 가득 찼고, 이들의 웃음소리는 곧 함성으로 바뀌었어. 군대 훈련이 시작된 거야. 노예 군대의 총사령관은 스파르타쿠스였어.

노예들이 계속 베수비오로 몰려들고 있다는 소식에 로마 원로원 의원들은 급히 비상 대책 회의를 소집했어. 로마인들에게 노예 반란은 밖에서 쳐들어온 적보다도 무서운 일이었거든. 곡식 농사를 비롯해 생활에 필요한 모든 일을 노예에게 맡기고 있었으니, 노예 반란을 빨리 진압

스파르타쿠스 19세기
푸아야티에의 조각.

하지 못하면 로마 사회가 곧 무너지고 말 테니까. 원로원에서는 스파르타쿠스의 군대를 무너뜨리기 위해 무기를 잘 갖춘 군대를 베수비오 산으로 보냈어. 하지만 산에 도착해 골짜기에 진을 치던 로마 군대는 스파르타쿠스의 기습 공격을 받고 말았어. 미처 무기도 들지 못하고 허둥대던 로마 병사들은 동료의 시체 위로 수도 없이 쓰러졌지. 스파르타쿠스 군대의 완전한 승리였어.

스파르타쿠스가 반란을 일으킨 지도 1년이 지났어. 베수비오로 모여드는 노예의 수는 날이 갈수록 늘어 어느덧 스파르타쿠스를 따르는 무리가 9만여 명이나 되었어. 그중에는 힘들게 일하면서도 먹을 양식조차 제대로 구할 수 없었던 가난한 로마 시민들도 있었지.

이제 스파르타쿠스와 그를 따르는 무리는 고향으로 돌아가고 싶었어. 물론 그들이 태어난 고향은 제각기 달랐어. 하지만 로마 사람들의 사슬에 묶이지 않아도 되는 자유의 땅, 그곳이 바로 그들의 고향이었지. 그들이 고향으로 갈 수 있는 길은 두 가지였어. 북쪽의 알프스를 넘는 길과 바다를 통해 이탈리아를 빠져나가는 길이었지. 그들이 처음 택한 길은 북쪽 길이었어. 하지만 스파르타쿠스는 알프스 앞에서 돌연 방향을 돌려야 했어. 많은 이들이 높고 위험한 알프스 넘기를 꺼렸기 때문이야. 그들은 고향으로 돌아가기 위해 갔던 길을 되돌아 남쪽 항구로 진군했어.

하지만 로마는 절대로 스파르타쿠스의 무리를 로마 밖으로 내보낼 수 없었어. 만약 스파르타쿠스가 고향으로 돌아가도록 내버려 둔다면 로마의 노예들이 너도나도 고향으로 돌아가려 들 것이 뻔했으니까. 어쩌면 로마의 부자들을 물리치고 노예가 주인이 되는 나라를 세우려 할지도 모르는 일이었지. 로마의 부자들은 무슨 일이 있어도 스파르타쿠스의 무리를 막아야만 했어. 웬만한 전쟁 때보다 더 많은 군대가 모집되었고, 정치가이자 로마에서 제일 큰 부자이기도 한 크라수스가 5만 명이 넘는 군대를 이끌고 나섰어.

한편, 스파르타쿠스 무리는 가는 곳마다 막아서는 로마 군대를 때로는 꾀로 따돌리고, 때로는 훌륭한 전투 솜씨로 물리치며 바닷가에 다다랐어. 수많은 노예들은 푸른 파도가 일렁이는 바다를 보며 자유를 얻은 듯 기뻐했어. 하지만 그곳은 아직 로마 땅이었지. 미처 고향으로 돌아갈 배를 구하지 못한 그들을 기다리고 있는 것은 크라수스의 5만 군대였어.

크라수스는 로마의 병사들에게 날카로운 목소리로 호령했어.

스파르타쿠스는 내 손으로 잡는다. 스파르타쿠스를 잡아 노예가 반란을 일으키면 어떤 벌을 받게 되는지 똑똑히 보여 주리라. 노예들을 잡아라! 적에게 등을 보이고 도망가는 병사는 사형에 처할 것이다!

결국, 이 전쟁에서 스파르타쿠스의 군대는 산산이 무너지고 말았어. 자유를 찾아 고향으로 가려던 노예들의 시체가 산을 이루었고, 6000여 명은

스파르타쿠스의 죽음 19세기
프랑스의 조각가 바리아스의 작품.

포로로 붙잡혔어. 하지만 크라수스는 시체 속에서도, 포로 중에서도 끝내 스파르타쿠스를 찾아내지 못했다고 해. 로마 원로원은 6000여 명의 포로들을 모두 십자가에 매달아 죽이기로 결정했어. 십자가에 못 박아 매단 채 고통을 겪으며 서서히 죽게 하는 끔찍한 벌이었어. 노예들을 못 박은 십자가들이 큰길 양편에 세워졌어. 그렇게 십자가가 늘어선 길이 수십 킬로미터나 이어졌지. 노예들이 반란을 일으키면 이렇게 된다는 것을 똑똑히 보여 주고자 한 잔인한 형벌이었어.

로마 내부의 적들

스파르타쿠스의 반란은 로마가 처한 위기를 고스란히 보여 주는 사건이었어. 로마는 그때껏 바깥의 적들을 물리쳐 나라를 넓혀 왔지만, 큰 나라가 되자 내부에 적을 품게 된 거였지. 이제 로마에는 시민의 수보다 더 많은 노예가 있었어. 노예는 잘 누르고 있으면 로마인들이 필요한 모든 것을 만들어 주는 존재였지만, 스파르타쿠스처럼 반란을 일으키면 로마를 바로 턱밑에서 공격하는 무서운 적이 되었어.

그런가 하면, 전쟁에서 져 로마에 세금을 바치던 작은 나라들도 독립을 외치며 틈만 나면 반란을 일으켰어. 로마는 이들의 반란을 누르기 위해 군대를 보내 몇 년씩 싸워야 했지. 이제 로마의 군대는 국경 안에서도 적과 싸우게 된 거야.

사정이 이런데도 로마 사람들은 서로 힘과 뜻을 모으지 못했어. 로마 사회는 이미 하나의 공동체가 아니라 부자와 가난한 자로 뚜렷이 나뉘어 있었거든. 가난한 시민들은 자신들을 보호해 주지 않는 조국을 위해 더 이상 몸을 바칠 이유가 없었어. 로마의 시민군은 무너졌고, 지킬 것이 많았던 부자들은 자신들이 돈을 대서 병사들을 모집하기 시작했어. 가난한 시민들은 베풀어 주는 것 없는 조국보다는 권력 있는 부자의 군대에 들어가 돈을 받으며 싸우게 되었지. 이제 로마의 군대는 부자들에게 돈을 받고, 무기를 제공받아 싸우는 지원병으로 이루어진 군대가 되었어. 그러니 사실 로마의 군대라기보다는 로마 부자들의 사병이 된 거지. 스파르타쿠스의 반란을 진압한 크라수스가 이끌었던 부대도 사실 그의 사병이었어. 이렇게 사병을 거느리게 된 로마의 부자들은 더 큰 권력을 차지하기 위해 군사의 수를 늘리고 서로 경쟁했어. 로마 정부의 주요 관직은 엄청난 재산과 군대를 가진 부자들이 차지했어. 이들은 주요 관직을 두루 거쳐 원로원 의원이 되었고, 여기서 강력한 영향력을 행사하며 로마의 정치를 좌지우지했어. 원로원은 모든 것을 가진 부자들이 모인 곳이 되었지. 여기서 의원들은 로마를 찬미하고 시민들이 이익을 함께 나누는 공화정의 미덕을 칭송했어. 하지만 이들에게 공화정이란 소수의 부자들끼리 이익을 나누는 것이었고, 시민들의 이익을 위하는 일이란 있는 자들의 이익을 대변하는 것이었어. 이들은 똘똘 뭉쳐 자신들의 이익을 지키는 것이 공화정의 전통을 유지하는 것이라고 주장했지만, 원로원 밖에는 가난해진 시민들과 로마가 정복한 영토의 가난한 주민들이 고통받고 있었지. 이제 로마의 적은 국경 밖에 있지 않았어. 국경 안에서 일어나는 반란과 분열이 로마 최대의 적이었지.

로마의 평화와 몰락

공화정에서 제정으로

로마의 역사를 정치 제도로 구분하면 기원전 27년까지 이어진 전기 공화정 시대와 이후의 후기 제정 시대로 나눌 수 있어. 공화정이란 시민들의 대표가 의견을 모아 전체 시민의 이익을 위한 정치를 하는 제도를 말하고, 제정이란 여러 민족을 정복한 다민족 국가를 황제가 다스리는 제도를 가리킨단다.

로마는 지중해를 호수로 가질 만큼 넓은 지역을 지배하게 되었을 때도 공화정의 전통을 유지했어. 이는 역사에 유례가 없는 일이야. 시민 병사로 구성된 로마 군대와 합리적인 로마법이 있었기에 가능했던 일이지. 하지만 포에니 전쟁 이후 로마 사회가 변화하면서 공화정에도 위기가 찾아왔어. 부자들과 장군들은 각자 자신의 군대를 키워 세력을 다투었고, 그 때문에 로마는 내전 상태에 빠져들었어. 로마가 무너지지 않기 위해서는 이들을 누르고 질서를 회복할 사람이 필요했지. 이때 등장한 인물이 카이사르와 옥타비아누스였어. 이들은 고칠 수 없을 만큼 타락한 공화정을 포기하고, 로마법의 전통 속에서 황제가 다스리는 제정으로 가는 길을 닦았어.

그 뒤 약 200년 동안 로마에는 질서가 회복되고 전쟁이 없는 평화의 시대가 찾아왔어. 하지만 평화와 안정을 위해 황

황제의 근위대 아우구스투스 황제는 로마 시민들로 구성된 호위 부대를 거느렸다.

제의 강력한 통치를 택하면서 로마 시민들이 잃은 것도 있었어. 바로 조국에 대한 주인 의식과 자발성이었지. 황제는 넓은 로마 제국을 다스리기 위해 세금을 늘렸고, 국경을 지키는 군대의 병사도 돈을 주고 고용했어. 황제가 강제로 행하는 일이 많아질수록 시민들이 조국에 대한 주인 의식을 잃어 가는 것은 당연했어. 이런 문제는 당장 겉으로 드러나지는 않았지만, 시간이 지나면서 로마 사회를 천천히 무너뜨리는 원인이 되었단다.

카이사르, 시민의 벗인가 독재자인가

포에니 전쟁이 끝난 뒤 농민들이 농토를 잃고 떠돌게 되었을 때, 사회가 불안해진 틈을 타서 정권을 잡아 보려던 부자와 장군들은 서로 다투기 시작했어. 라티푼디움을 경영하는 부자들과 정복지를 차지한 장군들은 자신에게 충성을 바치는 사병 부대를 키웠고, 각 지방에서 일어난 반란을 누르는 데 앞장섰어. 반란 진압에 성공하고 로마로 돌아와 화려한 마차 위에서 개선식을 치른 장군들은 이제 콘술(집정관) 자리를 노리며 권력을 차지하려고 했지. 그들은 병사들을 자기편으로 끌어들이고, 경쟁자인 다른 장군을 죽여 가면서 권력 다툼을 벌였어. 쉴 새 없이 일어나는 반란, 이를 진압하기 위해 출동하는 군대, 장군들끼리의 권력 다툼 등으로 로마의 불안은 계속되었단다.

카이사르 흉상

이렇게 로마가 내전 상태에 이르자, 사람들은 안전을 보장받기 위해 싸움을 잘하는 장군에게 의지했어. 로마는 더 이상 원로원이나 민회에서 뜻을 모아 나라를 다스릴 만한 여력이 없어 보였지. 권력을 잡은 장군들은 공화정의 전통을 무시한 채 독재 정치를 펼치곤 했어. 스파르타쿠스를 누른 크라수스도 한때 세력을 잡고 폼페이우스, 카이사르와 함께 독재 정치를 했지. 이 세 사람이 권력을 잡고 행한 정치를 세 마리의 말이 끄는 마차에 비유해 '삼두 정치'라고도 해. 이런 장군들 가운데 가장 큰 세력을 떨치며 떠오른 사람이 바로 카이사르였어.

카이사르는 젊고 유능한 장군이었어. 그는 로마에 복종하지 않는 정복지를 확실히 누르면서 실력을 쌓아 갔고, 그때까지 로마의 땅이 아니었던 갈리아를 정복하기도 했어. 갈리아는 사나운 켈트족이 살던 로마의 북쪽 땅으로, 지금의 프랑스 지역이야. 갈리아를 정복한 카이사르는 그를 제거하려는 원로원의 음모를 알아차리고는 군대를 이끌고 로마로 들어왔어. 그리고 경쟁자인 다른 장군들과 싸워 원로원 세력을 누르고 홀로 독재자의 자리에 올랐단다.

카이사르가 차지한 권력은 그때까지 로마를 다스려 온 어느 누구도 가져 보지 못한 것이었어. 이전까지 로마는 권력자 한두 사람이 아니라 여러 사람이 뜻을 모아 함께 다스린다는 원칙을 지키고 있었으니까. 본래 원로원을 둔 이유도 독재자가 로마를 자기 마음대로 다스리지 못하게 하기 위한 것이었지. 하지만 이제 그 원칙은 무너졌고, 여러 사람의 뜻을 모으던 원로원도 의원들이 자기 이익만 챙기는 기구로 전락해 버렸어. 게다가 반란과 권력 다툼이 끊이지 않는 상황에서 사람들이 한가하게 원로원에 모여 회의를 통해 나랏일을 결정할 만한 여유도 없었지.

카이사르는 군대의 힘을 앞세워 로마 최고 권력자의 자리에 올랐고 원로원을 무시하며 독재 정치를 펼쳤지만, 로마의 문제가 무엇인지는 잘 알고 있었어. 분명한 것은 로마는 이미 예전의 로마가 아니고, 예전과 같은 방식으로 통치할 수 없다는 것이었어. 예전의 로마는 영토도 작고 시민 수도 얼마 안 되는 작은 나라였지만, 이제는 세 대륙에 걸쳐 여러 민족을 지배하는 큰 나라가 되었지. 그러니 여러

〈카이사르의 죽음〉 기원전 44년 원로원에서 카이사르가 60명의 의원들에게 칼에 찔려 죽는 장면을 담은 19세기 이탈리아 화가의 그림.

민족을 확실히 지배하고 공납을 거두어들이려면 옛날 원로원에서 하던 주먹구구식의 통치로는 불가능했어. 그래서 카이사르는 로마가 정복한 식민지에 대한 관리와 세금 징수를 철저히 하기 위해 체제를 정비했어.

한편 카이사르는 당시 로마에서 가장 급한 일은 가난한 로마 시민들에게 살길을 마련해 주는 것이라고 생각했어. 그는 우선 굶주린 시민들에게 공짜로 빵을 나누어 주고, 여러 경기장에서 열리는 경기와 서커스를 공짜로 볼 수 있게 해 주었어. 또 가난한 시민들이 자기 땅을 가지고 살 수 있도록 신도시를 만들려는 계획을 세웠어. 이런 카이사르가 로마 시민들 사이에 인기가 높았던 것은 당연한 일이겠지. 그러자 카이사르는 황제가 되고 싶어졌어. 그는 로마 사람들이 사용하는 돈에 자기 얼굴을 그려 넣는가 하면, 시민들이 자신의 조각상

앞에서 절을 하도록 했어. 황제 즉위식만 치르지 않았을 뿐, 카이사르는 로마의 황제나 마찬가지였어.

원로원 의원들은 이렇게 자신들을 무시하고 독재 정치를 하는 카이사르를 미워했어. 결국 그들은 음모를 꾸며 카이사르를 죽였지. 그를 죽인 사람들은 로마 시민들 앞에서 원로원을 무시하는 독재자는 물러나는 것이 마땅한 일이며, 원로원을 통한 공화 정치를 부활시켜야 한다고 연설했어. 하지만 로마 시민들은 여럿이 모여 있어도 부자들의 이익만을 생각하는 원로원보다는 자신들에게 공짜로 빵을 주었던 독재자 카이사르를 더 사랑했지.

황제가 다스리는 로마

카이사르는 끝내 황제가 되지 못하고 독재자가 된 지 5년 만에 반대파에 의해 암살당했어. 하지만 몇 년 간의 그의 통치는 황제가 다스리는 나라가 될 수 있는 길을 연 셈이야. 카이사르가 죽은 뒤, 카이사르의 양자 옥타비아누스와 그의 부하 안토니우스는 카이사르를 암살한 반대파를 물리치고 권력을 잡았단다. 로마 시민들이 카이사르를 좋아한 덕분이었지. 그러나 곧 안토니우스는 이집트의 왕녀 클레오파트라와 손을 잡고 옥타비아누스에게 도전해 왔어. 이후 옥타비아누스가 안토니우스와 클레오파트라를 물리치고 이집트를 정복하자 이들은 스스로 목숨을 끊었지.

그 뒤 로마에는 옥타비아누스의 힘을 당할 사람이 없었어. 그는 로마 최고의 부자이자 가장 강한 군대를 가진 사람이었어. 또 이미 많은 재산을 가지고 있었을 뿐만 아니라 안토니우스와의 전쟁에서 승리하고 부자 나라 이집트까지 손에 넣었으니 이제 로마에서는 그의 재력에 맞설 자가 없었지. 이렇게 옥타비아누스의 힘이 하늘을 찌를 듯 커지자 원로원은 그와 맞설 엄두를 내지 못했어. 원로원은 스스로 옥타비아누스 앞에 엎드렸고, 그를 '가장 높고 귀한 분'이라는 뜻의 '아우구스투스'라는 이름으로 불렀어. 이렇게 해서 옥타비아누스는 로마의 황제가 되었고, 이후 로마는 황제가 다스리는 나라로 거듭나게 된 거야.

　로마 황제의 힘은 군대에서 비롯되었어. 당시 로마는 내부의 적을 빠르고 확실하게 진압할 수 있는 강한 지도자를 원했고, 그 힘을 가진 사람이 바로 황제였던 거야. 오랜 세월 동안 한 사람의 통치자를 인정하지 않고 여러 사람이 함께 나라를 다스리는 전통을 유지해 왔던 로마는 이제 한 사람의 황제를 떠받들게 되었어. 몸이 커진 로마

독수리 오닉스 장식물 아우구스투스 시대의 거대한 오닉스 카메오. 독수리는 황제의 권력을 상징했다.

아우구스투스 조각상 로마에서만 80만 점 이상의 아우구스투스 상을 세웠다고 한다.

가 몸에 맞지 않는 작은 옷을 갈아입었다고 할 수 있지.

　강한 군대를 거느렸을 뿐 아니라 엄청난 재산도 가지고 있던 로마의 황제는 가난한 시민들의 불만을 달래기 위해 공짜로 빵을 나누어 주고, 다양한 구경거리를 보여 주었어. 시민들은 황제가 주는 빵으로 굶주림을 면하고 서커스에 흥분하면서, 로마가 자신들에게 얼마나 불공평한 대접을 하고 있는지 잊고 말았지.

로마의 평화, 그리고 사치와 가난

이렇게 모든 사람이 황제의 발 앞에 엎드리자, 로마를 불안하게 했던 분열과 반란, 권력 다툼도 잦아들었어. 원로원은 황제의 자리를 시기하지 않았고, 가난한 시민들은 불만을 갖지 않았지. 정복당한 나라들은 꼬박꼬박 세금을 바쳤고, 노예들은 군말 없이 일했어. 이렇게 로마에는 평화가 찾아왔어. 이 시기를 '팍스 로마나'라고 불러.

　로마는 넓은 국토에서 거두어들이는 세금으로 극장, 목욕탕 등 아름다운 대리석 건물을 짓고 금으로 치장했어. 부자들은 자기들이 나라를 다스리겠다고 나서지 않고 황제를 받드는 대신, 노예 농장에서 얻는 막대한 돈으로 더없이 호사스러운 생활을 누렸어. 맛있는 음식을 즐겼던 로마의 부자들은 상다리가 부러지도록 음식을 차려 놓고도 배가 불러 못 먹게 되는 것을 안타까워했대. 그래서 음식에 실을 묶어 음식과 함께 삼킨 뒤 다시 실을 잡아당겨서 음식을 토해 가며 먹기도 했다지. 부자들의 음식에는 인도에서 가져온 값비싼 양념이 쓰였어. 옷은 중국에서 가져온 비단으로 만든 것이 최고였고, 여자들은 금으로 된 목걸이와 팔찌, 귀걸이로 화려하게 치장했어. 남자들은 이발소와 목욕탕에서 하루를 보냈고, 여자들은 머리치장에 한나절을 쓰고 오후에는 검투사 경기를 보러 가거나 마차를 타고 옷집이나 보석상을 돌아다녔다고 해.

그러나 로마의 뒷골목에는 속살이 드러나 보일 정도로 낡은 옷을 걸치고, 나라에서 주는 빵으로 겨우 허기를 때우는 가난한 사람들이 모여 살고 있었어. 부자들이 탄 번쩍거리는 마차가 대리석으로 치장된 거리를 달려갈 때면 이들이 우르르 몰려가 은전 몇 닢을 달라고 아우성쳤지. 이것이 팍스 로마나 시기의 로마가 가진 두 얼굴이었어. 로마의 평화 뒤에 숨겨져 있던 사치와 가난은 둘 다 로마를 속으로 병들게 만드는 요인이었어.

로마의 목욕탕 영국에 있는 로마 시대의 대목욕탕을 후대에 복원한 모습.

로마 제국의 분열과 몰락

평화의 시기 동안 로마는 이전과 같은 활발한 정복 활동을 하지 않았어. 이미 지중해 전역을 차지한 뒤였고, 황제들은 이 정복지를 지키고 통치하는 데 힘을 썼거든. 정복 전쟁의 중단은 로마의 국력에 상당한 영향을 미쳤어. 로마는 전쟁을 통해 농장에서 일할 노예들을 잡아들였기 때문에 정복 전쟁을 하지 않자 노예의 수가 줄어들었지. 그러자 농장의 생산량이 줄고 로마의 경제는 위축되었어. 2세기 말이 되면 대규모 농장의 생산물에 의존하던 황제도 국가 운영에 어려움을 겪게 되었단다.

이 무렵 로마 바깥에서는 외적이 로마를 공격하기 시작했어. 동쪽에서는 세력이 커진 페르시아가 로마를 위협했고, 북쪽에서는 숲 속에서 원시 부족으로 살던 게르만족이 국경 안으로 쳐들어와 약탈을 일삼기 시작했지. 밀려드는 외적 때문에 다급해진 황제는 노예, 검투사, 정복지 주민, 심지어는 게르만족까지 로마 군대에 끌어들였어. 이들은 예전의 시민병처럼 충성심 있는 병사들이 아니라 돈을 받고 군대에 고용된 병사들이었어. 로마의 군대는 시민의 이익을 지키는 시민 군대가 아닌 제국의 영토를 보존하는 황제의 군대가 된 거야.

군대를 유지하고 외적과 전쟁을 하기 위해 돈이 필요해진 황제는 이 비용을 마련하기 위해 세금을 늘리고, 새로 찍는 은화에 넣는 은의 양을 줄여서 더 많은 돈을 찍어 냈어. 그 결과로 물가는 점점 올랐고, 그에 따라 병사들의 봉급도 올려 주어야만 했지. 더 많은 돈이 필요할수록 세금을 더 늘려야 하는 악순환이 이어졌단다.

스스로 조국을 지키며 봉사하던 로마 시민들은 이제 황제의 명령에 복종하며 억지로 세금을 내는 제국의 주민들이 되었어. 가난한 농민들 중에는 높은 물가와 무거운 세금을 견디지 못하고 농토를 버리고 떠나는 이들이 많아졌지. 떠돌이 농민들은 로마의 국경 밖에서 외적이 침입해 들어왔을 때 이들과 한편이 되어 마을을 약탈하기도 했어. 그러니까 3세기 로마가 위기를 겪게 된 것은 단지 밖에서 외적이 공격해 왔기 때문만이 아니라, 이러한 공격을 막아 낼 수 있는 내부의 힘을 잃었기 때문이야.

커다란 영토를 가졌으나 내부에 수많은 문제가 산적한 로마 제국은 해가 거듭될수록 힘이 약해졌어. 마치 심장에도, 폐에도, 위에도 모두 병이 생겨 커다란 몸집을 가누지 못하고 고통스러워 하는 거인의 모습과도 같았지.

지방 군대의 지휘관들은 황제가 자기들 마음에 들지 않을 때마다 쿠데타를 일으켜 황제를 폐위하고 다른 황제를 세웠어. 그래서 235년부터 285년까지 50년 동안 로마 제국에는 황제가 스물다섯 번이나 바뀌었어. 3세기 말 황제의 자리에 오른 디오클레티아누스는 이런 문제를 해결하기 위해 제국을 둘로 나누었단다. 그는 너무 커진 로

카타콤 콘스탄티누스 황제가 크리스트교를 공인하기 전, 로마가 크리스트교를 탄압할 때, 몰래 예배를 본 지하 예배당의 모습이다.

마 제국 전체를 황제 혼자서 다스리기는 어렵다고 생각하고, 나라를 동로마와 서로마로 나눈 뒤 4명의 황제를 두어 힘을 회복시키기 위해 노력했어. 하지만 이런 노력도 제국을 다시 일으켜 세우지는 못했고, 디오클레티아누스가 죽은 뒤 로마는 4명의 황제가 다스리는 네 지역으로 다시 나뉘었어.

그 뒤 306년에 황제 자리에 오른 콘스탄티누스 대제는 이렇게 분열된 로마를 다시 한 번 통합하여 중흥시키려는 시도를 했단다. 콘스탄티누스는 경제가 위축되어 황폐해진 서로마 지역을 버리고 수도를 아예 동로마 지역의 비잔티움으로 옮겼고, 313년에는 그동안 탄압해 오던 크리스트교를 국교로 공인했어. 황제의 권력이 약화된 틈에 분열하려는 제국을 유일신 하느님의 이름으로 통합하려 한 거야. 하나의 종교를 믿으라는 명목으로 황제의 지배에서 벗어나려는 다른 민족을 여전히 로마 제국의 지배 아래 두려는 것이었지. 하지만 이러한 노력도 소용없었어. 395년에 로마는 결국 동로마 제국과 서로마 제국이라는 서로 완전히 다른 나라로 갈라졌단다.

그 뒤 서로마 제국은 게르만족의 침입을 받아 더욱 약해졌고, 476년에는 결국 로마 시가 침입자들의 손에 넘어가고 말았어. 반면에 동로마 제국은 서로마 제국이 멸망한 뒤에도 1000년 동안이나 더 이어졌어. 지금의 터키 이스탄불 지역인 비잔티움을 수도로 삼은 동로마 제국은 그리스 문화와 크리스트교 문화를 한데 합한 '그리스 정교'라는 종교를 바탕으로 로마의 전통을 이어 나갔단다. 이후 동로마 제국의 문화는 러시아를 비롯한 동유럽 여러 나라에 영향을 미쳤어. 하지만 서로마 제국이 사라진 유럽의 중심 지역에는 거의 영향을 주지 못했지.

3

중세 유럽의 탄생

800년
교황 레오 3세에 의한 샤를마뉴 대관식

814년
바이킹의 유럽 약탈 시작

843년
프랑크 왕국의 분열

1000 - 1100년
중세 도시와 길드 형성

1315 - 1317년
대기근

1347 - 1350년
흑사병 대유행

1358년
자크리의 난

1381년
와트 타일러의 난

게르만족,
문명의 땅에 들어서다

북유럽의 숲 속 부족들

로마 시민들이 대리석으로 지은 목욕탕에서 목욕을 즐기거나 광장에서 토론을 하고, 원로원 의원들이 법을 만드는 동안, 알프스 너머 숲이 우거진 지역에서는 몸집이 크고 힘센 게르만족이 여전히 원시적인 부족 생활을 하고 있었어. 그들은 지금의 스웨덴과 노르웨이가 있는 북유럽부터 로마의 국경 지대인 라인 강가에 이르는 넓은 지역에 퍼져 살았어. 하지만 하나의 나라로 통합되지 못한 채 작은 부족으로 나뉘어 서로 싸우며 지냈지.

게르만족들은 이곳저곳을 옮겨 다니며 농사를 짓고, 가축을 길러 그 젖과 고기를 먹었어. 숲 지대의 나무를 베어 내고 밭을 일구어 농사를 짓고 살다가, 땅의 영양분이 다해 곡물이 잘 자라지 않으면 새 땅을 찾아 나서곤 한 거야. 아직 땅에 비료를 주어 영양분을 공급해

주는 단계에 이르지 못한 원시
적인 농사법이었지.

게르만족들은 한 지역에만 머
물러 살지 않았기 때문에 공들
여 집을 짓고 성을 쌓을 필요가
없었어. 어디까지가 어느 부족
의 땅인지도 분명하지 않아서
여러 부족은 싸움을 통해 자신
의 몫을 지켜 내야만 했지. 제각
기 부족장을 중심으로 뭉쳐 크고
작은 싸움에서 스스로를 지켜 내

게르만 가족 1세기에 만들어진 로마 기념비의
부조. 게르만족은 군대를 형성하기보다는 가축
등을 몰고 가족 단위로 이동했다.

야 했던 게르만 부족들은 자연스럽게 용맹한 전사로 단련되었단다.

유럽의 주인이 된 게르만족

로마 제국이 힘을 잃어 갈 무렵, 게르만 부족들은 로마로 쳐들어가 도
시를 휘젓고 다니며 먹을 것과 귀중품을 빼앗았어. 거대한 건축물이
즐비한 도시에 짐승 가죽 옷을 걸치고, 동물의 뼈나 이빨로 만든 목걸
이를 걸고, 들소 뿔 모양의 투구를 쓴 원시 부족들이 나타나 도시 사람
들을 죽이고 약탈하는 일이 벌어진 거야. 도시 생활을 해 본 적이 없는
원시 부족들이 도시를 점령하자, 도시는 형편없이 파괴되었어. 살아
남은 사람들은 도시를 버리고 먼 시골로 도망을 쳤지.

게르만 부족 중에는 커다란 로마 제국 전체를 지배할 능력을 지닌

부족이 없었어. 그러니 그들은 로마 땅 곳곳에 따로따로 자리를 잡았고, 로마 제국도 자연히 무너지고 말았어. 그 뒤 게르만족이 주인이 된 유럽에서는 화려한 도시 문명이 자취를 감추어 버렸어. 커다란 나라를 움직이던 법과 질서도 함께 사라져 갔지.

숲 속 생활을 하던 게르만족에게는 문자가 없었고, 로마를 차지한 뒤에도 그들은 글자를 배우려 하지 않았어. 당연히 더 이상 철학자나 시인도 나오지 않았지. 비단옷을 입을 줄도, 화장을 할 줄도 몰랐던 게르만족에게 도시의 미용실과 옷 가게는 아무 쓸모가 없었어. 귀한 사치품을 모르는 그들이었으니 외국에 나가 값비싼 물건을 사올 일도 없었고, 자연히 무역도 시들해졌지. 이렇게 게르만인들이 등장하면서 유럽은 고대 로마 시대와는 완전히 다른 세상이 되었단다.

역사가들은 유럽 역사에서 게르만족이 등장한 시기를 새로운 시대의 시작으로 보고, 이때부터를 '중세'라고 불러. 유럽에서 중세는 약 1000년 동안 계속되었지. 이렇게 긴 기간이었으니, 같은 중세라 해도 중세 전기의 유럽과 중세 후기의 유럽은 아주 다른 모습이었어. 중세 전기는 게르만족이 원래 살던 북유럽의 숲을 떠나 로마 제국의 영토였던 남쪽으로 내려오면서 유럽을 휩쓸고 다닌 혼란의 시기였어. 로마인들이 가꾸어 놓은 도시가 파괴되고 게르만 부족들의 전쟁이 이어지던 시대였지. 이런 혼란과 파괴의 시기가 거의 500년이나 계속되었어. 하지만 중세 후기의 유럽에서는 여러 민족이 각기 자리를 잡고 문화를 꽃피웠단다. 아름다운 성과 화려한 교회가 세워지고, 도시도 다시 생겨나서 사람들의 생활이 활기를 띠게 되었지. 야수 같던 게르만족도 문화가 발달했던 지역에 눌러살면서 점차 문화인으로 변화해 간 거야.

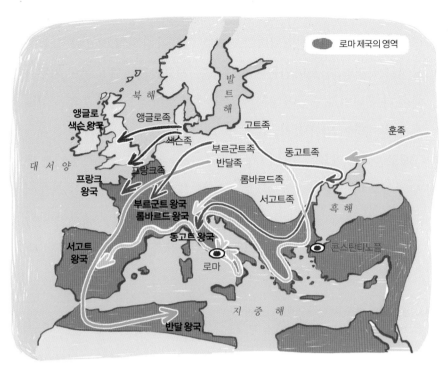

게르만족의 이동 훈족의 압박으로 흑해 연안의 동고트족이 내려오고 서고트족이 서로마 제국의 영역에 들어온 것을 계기로 게르만족의 이동이 시작되었다.

로마 제국의 영역

침략과 약탈, 문명의 파괴

게르만 부족들이 들이닥치자 농촌과 도시 할 것 없이 모든 지역이 마치 악마가 어두운 그림자를 끌고 나타난 것처럼 죽음의 땅으로 바뀌어 갔어. 그들은 특정 지역을 정복해 지배한 것이 아니라, 사람들을 죽이고 먹을 것과 귀중품을 빼앗은 다음 도시를 불태우고 다른 도시로 가 버렸지.

게르만족은 남녀노소를 가리지 않고 닥치는 대로 사람들을 죽였기 때문에 간신히 목숨을 건진 사람들은 가족의 시체를 땅에 묻지도 못한 채 달아나야 했어. 겨우 도망친다 해도 살아남기 어려웠지. 먹을 것이 없어서 굶어 죽거나 전염병에 쓰러지는 이들이 숱하게 많았어. 들판은 묘지로 바뀌었고, 로마인들이 살던 집은 게르만인들의 소굴이 되거나 불에 타 잿더미로 변했어. 사람들로 붐비던 로마의 도시와 농촌은 이렇게 죽음의 땅이 되어 갔지.

게르만족의 파괴는 지나칠 정도였어. 그들은 적을 죽이고 물건을 빼앗는 일을 아주 당연하게 여겼기 때문에 침략을 당한 사람들은 하늘이 내린 재앙이라고 생각하는 수밖에 없었어. 심지어 어떤 게르만족 왕은 자신의 어머니에게 이런 충고를 듣고 자랐대.

〈게르만족의 파괴〉 1세기에 게르만족이 로마에 침입해 전투를 벌이는 장면. 1909년 독일 작가가 그린 작품이다.

네가 이름을 남기고 싶거든 다른 사람이 세워 놓은 건물들을 모두 다 부숴 버리고, 네가 정복한 사람들을 모두 죽여라. 너는 다른 이들이 앞서 세운 건물보다 더 훌륭한 건물을 세울 수 없을 것이다. 그러니 네가 이름을 떨치려면 이보다 좋은 방법은 없다.

게르만족에 의해 고대의 귀중한 유산들은 사라져 갔어. 예술품은 자취를 감추어 버렸고, 웅장한 건물도 채석장으로 바뀌었지. 사람들이 파괴된 건물에서 돌기둥이나 장식품을 마음대로 뜯어 갔기 때문이야.

역사가들은 중세를 '암흑의 시대'라고 부르기도 해. 법과 질서가 있고, 사물의 이치를 따질 줄 알았던 사람들이 훌륭한 학문과 예술을 남겼던 고대가 밝은 빛의 시대였다면, 법과 질서, 학문과 예술이 모두 파괴되고 많은 사람이 죽어 갔던 중세는 어둠의 시대였다는 뜻이지.

게르만족이 남쪽으로 내려온 이유

그런데 숲 속에 살던 게르만족은 왜 갑자기 남쪽으로 내려왔을까? 그 무렵 게르만족의 인구는 크게 늘었고 먹을 것은 부족해졌어. 또 기후도 변해서 북쪽 숲은 더욱 추워졌지.

하지만 이보다 더 결정적인 이유는 따로 있었어. 당시 수많은 갈래의 게르만 부족을 남쪽으로 밀어낸 것은 아시아 북쪽 초원 지대에 살던 훈족이었어. 훈족은 훗날 칭기즈 칸을 낳은 몽골족의 한 갈래인데, 말을 잘 타는 유목 민족이었어. 이 훈족이 인구가 늘고 힘이 세지면서 유럽 쪽으로 진출하자, 이들에게 쫓긴 게르만 부족이 다른 게르만 부족이 사는 땅으로 쳐들어갔고, 다시 이들에게 쫓긴 부족들이 로마의 국경을 넘어 들어가게 된 거야. 그 뒤 게르만족이 유럽을 휩쓸고 다니는 동안 서로마 제국은 사라졌고, 몇몇 게르만족이 한곳에 자리를 잡기 시작하면서 유럽의 지도는 새롭게 바뀌어 갔지.

게르만 부족들이 자리 잡은 땅

현재 북유럽과 중서부 유럽에 살고 있는 사람 중에는 게르만족의 피를 물려받은 이들이 가장 많아. 남부 유럽의 라틴족과 동부 유럽의 슬라브족, 그리고 몇몇 소수 민족이 나머지 유럽 인구를 구성하고 있지.

로마인들은 국경 밖 유럽 북쪽의 땅을 '게르마니아'라고 불렀어. '게르만족'이란 이 게르마니아에 사는 야만족을 가리키는 말이었지. 게르만인들이 남쪽으로 이동했던 중세 초에는 게르만족이 여러 갈래의 작은 부족으로 나뉘어 있었어. 수에비, 알라니, 서고트, 반달, 부르군

유럽으로 쳐들어가는 훈족 아시아 북쪽의 유목 민족인 훈족은 4세기경부터 유럽으로 침입하여 게르만족의 영토를 빼앗아 훈 제국을 세웠다.

트, 앵글, 색슨, 동고트, 프랑크 등 이름을 다 꼽을 수 없을 정도였지.

훈족에게 밀려 제일 먼저 로마로 들어온 것은 수에비족이었어. 수에비족은 406년 12월 31일에 얼어붙은 라인 강을 넘어 이탈리아 땅을 밟았단다. 몇 년 뒤인 410년에는 서고트족이 로마 시를 에워싸고는 화려한 제국의 수도에서 황금과 보석을 빼앗았어.

그 뒤를 반달족이 이었지. 게르만 부족 중에서 유일하게 바다로 나아갈 수 있는 함대를 가지고 있던 반달족은 먼저 에스파냐 땅으로 향했어. 그들은 그곳에서 배를 타고 아프리카로 건너가 한니발의 조국이었던 카르타고에 자리를 잡았지. 이후 시칠리아 섬과 이탈리아 바닷가를 수시로 습격하며 약탈을 일삼다가, 결국 455년에는 로마로 쳐들어갔어. 이 반달족의 습격이 얼마나 무지막지했던지, 지금도 문명과 예술을 마구 파괴하는 행위를 '반달리즘'이라고 부를 정도란다.

한편, 부르군트족은 남부 독일 지역으로 들어와 로마를 공격했어. 또 기후가 좋지 않은 북부 독일과 덴마크 지역에 살던 앵글족, 색슨

반달족의 약탈 455년 로마에 침입한 반달족이 약탈하는 모습.

족, 유트족은 바다를 건너 영국 땅으로 들어갔어. 당시 영국 땅에는 많은 켈트 부족이 살고 있었지. 그들은 피비린내 나는 전쟁을 벌여 켈트족을 밀어내고 그곳에 자리를 잡았어. 오늘날 영국의 이름인 '잉글랜드'는 바로 '앵글족의 나라'라는 뜻이야.

야만족의 왕이 세운 나라

게르만족은 칼을 앞세워 다른 지역을 정복할 줄은 알았지만, 그곳에 사는 사람들의 안전을 지켜 주고 세금을 거두어들이며 정복지를 다스릴 줄은 몰랐어. 한곳에 정착해 나라를 세운다 해도, 오래지 않아 다른 게르만 부족들이 밀려와 파괴하곤 했지.

이 혼란스런 상황에서 나라를 세우는 데 성공한 게르만 왕이 2명 있었어. 바로 동고트족의 테오도리크(454~526)와 프랑크족의 클로비스(466~511)였지.

테오도리크가 이끄는 동고트족은 이탈리아에 자리를 잡았어. 테오도리크는 야만족의 왕 가운데 드물게 문명 생활을 경험한 왕이었어. 어릴 때 로마에 잡혀가 동로마의 궁정에서 생활한 적이 있었기 때문이야. 그는 로마의 훌륭한 문화를 본받고 싶어 했어. 그래서 자신의 이름을 로마식으로 바꾸기도 하고, 로마인 철학자들을 곁에 두고서 나라를 다스리는 데 도움을 구하기도 했어. 덕분에 그는 30년

테오도리크 대왕 동고트 왕국의 부족들을 통일하고 이탈리아를 정복한 왕.

동안이나 동고트 왕국을 다스릴 수 있었지. 그러나 결국은 동고트 왕국도 테오도리크 왕이 죽은 지 1년 만에 동로마 제국의 공격을 받아 망하고 말았어.

또 한 명의 왕 클로비스는 지금의 벨기에를 거쳐 북프랑스로 들어온 프랑크족의 우두머리였어. 클로비스는 주변 프랑크 부족들을 통일하고 세력을 키워서, 지금의 프랑스 땅 전체를 지배했어. 그 뒤 프랑크 왕국은 게르만족의 이동으로 혼란에 빠진 유럽에서 가장 중심이 되는 세력으로 커 나가게 돼. 오늘날 '프랑스'라는 이름 역시 이 프랑크족에서 비롯된 거란다.

이어지는 야만족의 관습

테오도리크가 로마 문화를 본받으려 애쓰고, 클로비스가 프랑스 전체를 손에 넣어 제법 큰 나라의 왕이 되긴 했지만, 게르만족이 하루아침에 야만적인 관습에서 벗어나 문화 왕국의 주인이 될 수는 없었어. 오랜 세월 숲과 초원에서 살아온 그들의 야성적 관습은 문명사회를 유지하거나 건설하기보다는 파괴하는 데 익숙했지.

게르만인은 전쟁터에서 싸우다 죽는 것이야말로 가장 행복한 일이라고 믿고, 나이가 들어 자연히 죽음에 이르는 것은 비겁하고 부끄러운 일이라고 여겼어. 당연히 전쟁에서 적의 목을 많이 벨수록 영웅으로 떠받들어졌지. 게르만 전사들은 자신의 용맹스러움을 자랑하기 위해서 적의 머리 가죽을 벗겨내 말 목에 매달고 다니기도 했대.

이 시기에 가장 큰 나라로 발전했던 프랑크 왕국의 왕도 여느 원시

전투를 이끄는 클로비스 1세 프랑크족의 족장으로 부족들을 통일하고 다른 게르만족을 정복하여 프랑크 왕국의 첫 번째 왕이 되었다.

부족의 우두머리와 비슷한 모습을 하고 있었어. 프랑크족의 왕은 장식이 달린 옷을 입고 번쩍이는 왕관을 쓰는 대신, 날카로운 창을 들고 머리를 길러 갈기털처럼 흩날리고 다녔어. 그가 왕위에 오르는 날에는 전사들이 커다란 방패 위에 왕을 앉혀 놓고 높이 추켜올려 그가 왕이 되었음을 알렸대. 물론 왕의 곁에 학식과 덕망을 갖춘 신하는 없었지.

전설로 남은 마법의 칼

전쟁이 이어지던 이 시대에 여러 부족은 다른 부족과의 전쟁에서 자신들을 구해 줄 힘센 영웅이 나타나기를 바랐어. 당시 미신과 마법을 믿었던 사람들은 적과 싸울 때 마법의 힘을 빌릴 수 있기를 원했어. 영웅과 마법에 대한 이런 소망은 각 부족마다 전해지는 '마법의 칼'에 대한 전설로 이어졌어. 신비한 힘을 지닌 마법의 칼이 있어서 영웅이 적을 무찌를 수 있도록 이끈다는 내용이었지. 세상을 구하는 영웅과 늠름한 기사, 신비한 마법의 이야기는 서로 목을 베고 굶주림과 전염병에 시달려야 했던 전쟁의 역사에 아름다운 옷을 입혀 주었어. 우리에게도 잘 알려져 있는 '아서 왕과 원탁의 기사' 이야기도 이 무렵 영국 남부의 부족 사이에서 전해지던 전설이야. 아서 왕은 영국 웨일스 지방의 켈트족 족장으로, 영국에 쳐들어온 앵글족을 맞아 싸웠던 거야.

야만족에서 문화인으로

이렇듯 중세 초는 부족들 사이에 전쟁이 계속되는 혼란의 시기였어. 혼란이 계속되는 동안 바뀔 것 같지 않던 게르만족도 점차 달라져 갔어. 한곳에 자리를 잡고 농사를 지으며 살거나 작은 나라를 세우는 부족이 생겨난 거야. 작은 왕국을 세운 사람들은 이전에 숲에서 살 때처럼 오두막을 지어 마을을 만들고, 자기들의 옛 풍습을 지켜 갔어. 하지만 또 한편으로는 로마의 발달한 문명도 조금씩 받아들였어. 프랑크 왕국의 샤를마뉴 대제는 자신의 궁전에 로마인 학자를 데려다 놓고 궁전 사람들에게 공부를 가르치도록 했고, 도서관을 짓기도 했단다. 또 난리 통에 겨우 남은 라틴어 책들을 모아서 학자들에게 베끼도록 했어.

이렇게 뒤늦게나마 로마의 문화를 받아들이면서 게르만족도 점차 야만적인 풍습을 버리고 문화인이 되어 갔지.

부르군트족의 전설, '니벨룽겐의 노래'

오늘날 독일인들의 선조가 된 부르군트족에게도 영웅의 전설이 있었어. 독일의 작곡가 바그너는 이 전설을 〈니벨룽겐의 반지〉라는 오페라로 만들기도 했지. 영웅 지크프리트의 모험담을 통해 여러 부족이 전쟁을 했던 중세 초의 어지러운 사회상을 엿볼 수 있을 뿐만 아니라 영웅과 마법의 칼을 믿던 당시의 분위기를 느낄 수 있어.

짙은 숲 그림자가 어두운 그늘을 드리우는 라인 강 어딘가에는 황금 보물이 묻혀 있었어. 하늘나라의 신들과 땅 위의 거인족, 땅 밑에 사는 난쟁이족 들은 이 황금을 차지하기 위해 싸웠단다.

어느 날 난쟁이 나라를 지배하던 알베리히는 라인 강에 묻힌 엄청난 황금을 발견했어. 그는 황금을 차지하고, 그 황금으로 반지 하나를 만들었어. 이 반지는 그에게 세상을 지배할 수 있는 권력을 주었어. 하지만 황금을 차

오페라 〈니벨룽겐의 반지〉 1876년 바그너의 오페라 공연을 위한 조세프 호프만의 무대 디자인. 지크프리트가 마법의 칼을 만드는 장면이 그려져 있다.

지하려는 싸움은 계속되었어. 신들의 왕 보탄은 계략을 꾸며 황금과 반지를 빼앗았지. 하지만 반지는 다시 거인 파프너의 손에 들어갔어.

보탄은 황금과 반지를 둘러싼 끔찍한 다툼을 끝내고 평화로운 세상을 만들고 싶었어. 그러기 위해서는 거인에게서 반지를 빼앗아 라인 강에 돌려줄 인간 영웅이 필요하다고 생각했어. 그는 인간 세계로 내려가 여인을 얻어 남녀 쌍둥이를 낳게 했어. 그중 아들인 지크문트가 반지와 황금을 찾아 라인 강 선녀에게 돌려줄 영웅이 될 예정이었어. 하지만 지크문트는 이 임무를 달성하지 못하고 시련을 겪다 보탄의 벌을 받고 죽게 되지.

거인족 파프너 1905년 오페라 〈니벨룽겐의 반지〉 공연을 위해 디자인된 파프너의 의상.

지크문트가 이루지 못한 임무는 그의 아들 지크프리트에게 넘어갔어. 아버지가 죽은 뒤 난쟁이의 손에서 자란 지크프리트는 아버지의 부러진 칼을 녹여 붙이고, 새로 갈기 시작했어. 그가 부러진 칼을 달궈 모루 위에 놓고 치는 순간, 칼은 세상의 빛을 빨아들여 마법의 칼이 되었어.

지크프리트는 마법의 칼을 들고 황금 보물을 찾아 떠났어. 그는 곧 거대한 용으로 변신하여 뜨거운 불을 내뿜고 있는 거인 파프너를 만났어. 지크프리트는 단칼에 용을 베어 쓰러뜨리고 황금과 반지를 차지했단다. 하지만 재물보다는 명예를 소중히 여겼던 지크프리트는 다른 보물들은 놔둔 채 용을 물리친 기념으로 니벨룽겐의 반지 하나만을 가지고 다시 길을 떠났어.

어느 날 지크프리트는 큰 바위 주변의 숲
이 활활 타오르는 것을 보게 되었어. 바위
위에는 보탄의 벌을 받은 하늘나라의 공
주 브룬힐데가 잠들어 있었지. 브룬힐
데는 아버지 보탄의 명을 어기고 지크프
리트의 아버지 지크문트가 죽은 뒤 전쟁
터에서 어린 지크프리트를 데리고 울부짖던
그의 어머니를 도왔기 때문에 벌을 받게 된
거였어. 보탄은 공주를 깊은 숲 속에 잠들게

〈지크프리트와 브룬힐데〉
1909년 영국 작가의 작품.
숲 속에서 지크프리트가
브룬힐데를 발견한 순간을 그렸다.

한 뒤, 아무도 공주를 구할 수 없도록 그 주변
숲을 온통 불길에 휩싸이게 만들어 놓았던 거야. 지크프리트는 불타는 숲
을 헤치고 잠자는 공주 곁으로 가 공주의 볼에 입을 맞추었어. 공주가 깨어
나자 숲을 태우던 불길이 가라앉고, 지크프리트와 공주 사이에 뜨거운 사

〈지크프리트와 크림힐트〉 크림힐트와 결혼한 뒤 다시 숲으로 떠나는 지크프리트의 모습을 그렸다. 1843년
독일 화가의 작품.

랑의 불길이 솟아났어. 지크프리트는 사랑의 언약으로 자기 손에 끼고 있던 니벨룽겐의 반지를 공주에게 주었단다. 그리고 세상을 구하는 날 그 언약을 지키기로 하고 다시 길을 떠났어.

얼마 뒤 지크프리트가 이른 곳은 군터 왕이 지배하는 나라였어. 세상은 아직 어지러웠고 전쟁에서 죽은 이들의 피가 땅을 적시고 있었어. 지크프리트는 군터를 도와 세상을 구하기로 마음먹고, 변치 않는 믿음으로 서로를 지켜 주기로 약속했지.

그런데 군터에게는 마법을 쓸 줄 아는 여동생 크림힐트가 있었어. 늠름한 지크프리트에게 첫눈에 반한 크림힐트는 그의 사랑을 얻고 싶었어. 크림힐트는 지크프리트에게 마법을 걸어 기억을 잊게 하고는 그와 결혼 했어.

지크프리트는 세상을 구할 반지를 찾아 브룬힐데가 있는 숲으로 다시 갔어. 마법에 걸려 브룬힐데를 기억하지 못하는 지크프리트는 브룬힐데에게서 반지를 빼앗고, 군터의 궁전으로 데려와 군터와 결혼을 시켰지. 브룬힐데는 지크프리트에게 배신당했다고 생각하고, 군터의 동생에게 지크프리트의 약점을 알려 주어 죽이도록 했어.

브룬힐데가 이 모든 것이 크림힐트의 교활한 마법 때문이라는 것을 알았을 때는 이미 너무 늦었어. 영웅 지크프리트는 군터의 동생에게 칼을 맞고 쓰러진 뒤였거든. 그가 칼에 찔리자 사방의 꽃들이 그의 피로 붉게 물들었어. 브룬힐데는 지크프리트의 시신이 장작더미 위에서 불태워질 때, 그와의 영원한 사랑을 이루기 위해 불길로 뛰어들었어. 불길이 솟구치자 라인 강의 물이 범람하여 반지는 다시 라인 강으로 돌아갔단다.

왕과 교황이 손잡다

프랑크 왕국의 등장

로마 제국이 힘을 잃은 뒤 몇 세기 동안 유럽에는 로마 제국만큼 강력한 국가가 나타나지 않았어. 로마 제국과 같은 강력한 중앙 정부가 사라지자 각 지방은 제각기 분리된 채 각각 게르만족의 침입이라는 큰 혼란을 겪었지. 게다가 7세기 말에서 8세기 초에는 아라비아 지역에서 생겨나 급속히 세력을 확장해 가던 이슬람 세력이 유럽까지 힘을 뻗쳤단다.

이슬람 교도들은 먼저 아프리카 북부 지역을 세력권에 넣은 뒤, 지금의 에스파냐와 포르투갈이 있는 이베리아 반도를 통해 유럽으로 진출했어. 이들은 피레네 산맥을 넘어 프랑스 남부 지역으로 진격해 순식간에 유럽 전체를 위협해 왔어. 하지만 당시 프랑스 지역에서 성장하고 있던 프랑크 왕국이 이들을 막아 냈고, 이슬람 세력은 피레네 북쪽의 유럽 중심부까지는 손에 넣지 못했지. 덕분에 피레네 이북 지역에서는 유럽 고유의 문화가 발전할 수 있었단다.

유럽에 진출한 이슬람 세력

세계적인 대제국을 건설했던 로마가 게르만족에게 무너져 갈 무렵, 힘을 잃은 유럽은 지중해 건너에서 쳐들어오는 적과도 맞서야 했어. 다름 아닌 이슬람 교도들이었지.

이슬람교가 처음 생겨난 곳은 '아라비안 나이트'라는 이야기로 잘 알려져 있는 아라비아 지역이었어. 대부분 사막으로 이루어진 이 지역에서 아랍 사람들은 오아시스를 찾아다니며 가축을 기르는 유목 생활을 하고 있었어. 아랍 사람들은 상인으로도 유명했지. 아라비아 상인들은 무리를 이루어 낙타를 타고 다니며, 인도나 중국에서 나는 물건들을 가져다 서양 세계에 팔았어.

아라비아에서 이슬람교가 생겨난 것은 600년경의 일이었어. 아라비아 상인들 틈에서 먼 길을 오가며 장사를 하던 무함마드(570~632)는 그 당시 서양 세계에 널리 퍼져 있던 크리스트교의 영향을 받아 새로운 종교를 만들었어. 새로운 종교는 사막에서 어려운 생활을 하던 아랍 사람들에게 불길처럼 번져 나갔어. 무함마드는 모든 사람을 똑같이 사랑하는 알라신을 믿고 그의 가르침을 따르면 모두가 행복하게 살 수 있다고 가르쳤어.

아라비아 사람들이 이슬람교를 중심으로 힘을 합치자, 그 힘은 점점 강해져서 밖으로 뻗어 나가게 되었어. 이슬람 교도들은 다른 부족이나 나라와 전쟁을 할 때도 이 세상을 모두 알라신이 지배하는 하나의 나라로 만들어야 한다는 신앙심으로 불탔어. 땅을 넓히고, 물건을 빼앗고, 정복한 사람들을 지배하려는 목적이 아닌, 알라신의 나라를 건설하기 위한 성스러운 전쟁을 한다고 믿은 거야. 그래서 그들은 전쟁에 나가 싸우다 죽는 것이 천국에 가는 가장 확실한 길이라고 생각했지.

흔히 이슬람 교도들은 '한 손에는 코란, 다른 한 손에는 칼'을 들고 싸웠다고 해. 코란은 알라신의 가르침이 담긴 이슬람 교도들의 성경이야. 그러니 이 말은 그들이 얼마나 강한 신앙심을 가지고 있었는지, 또 이슬람교라는 종교가 그들의 세력을 넓히는 데 얼마나 큰 힘이 되었는지 알려 주는 셈이지.

이슬람 교도들의 세력은 날로 커져서 무함마드가 이슬람교를 창시한 지 100년도 채 안 되어 동쪽으로는 인도, 서쪽으로는 메소포타미아 지역의 시리아와 페르시아, 그리고 이집트까지 그들의 세력권이 되었

이슬람교를 창시한 무함마드 명상 중 천사 가브리엘에게 계시를 받는 장면.

어. 이슬람 교도들은 여기서 그치지 않고 유럽까지 진출했어. 당시 유럽은 게르만 부족들이 이동해 와서 큰 혼란에 빠져 있었으니 자연히 외부의 침입에 취약할 수밖에 없었던 거야.

이슬람 교도들은 옛 카르타고의 땅을 지나 배를 타고 에스파냐로 올라왔어. 에스파냐는 유럽 땅이니 줄곧 유럽인이 살아왔을 거라고 생각하기 쉽지만, 이때 이후로 이슬람 교도들은 300~400년 동안이나 이곳에서 자신들의 문화를 발전시키며 살았어. 훗날 크리스트교를 중심으로 힘을 회복한 유럽인들이 그들을 내쫓았지만, 이 지역에서는 아직까지도 당시 이슬람 교도들이 남긴 문화를 찾아볼 수 있단다.

이슬람 교도들은 피레네 산맥을 넘어 프랑스 남부 지역을 점령하기도 했어. 하지만 당시 프랑스 지역에는 이미 게르만족이 세운 프랑크 왕국이 자리를 잡고 있었지. 프랑크 왕국의 장군이었던 카를 마르텔은 그들을 피레네 산맥 남쪽 에스파냐로 쫓아내 프랑크 왕국과 유럽이 이슬람 교도의 손에 들어가는 것을 막아 냈어.

게르만 부족의 하나인 프랑크족이 세운 프랑크 왕국은 당시 외부에서 침입해 들어오는 적을 막아 낼 힘이 있는 유일한 나라였어. 다른 게르만족은 고향 땅에서 멀리 이동하는 동안 인구가 줄고 힘도 점점 약해졌지. 하지만 지금의 벨기에 지역에서 살던 프랑크족은 자기들이 살던 땅에서 멀리 떠나지 않고 프랑스 지역으로 내려오며 주변으로 세력을 뻗어 나갔어. 이는 프랑크 왕국의 안정과 발전에 중요한 요인으로 작용했지.

프랑크족이 유럽의 중심 세력으로 떠오른 데는 또 다른 중요한 이

〈세례를 받는 클로비스 왕〉 496년 크리스마스 이브에 레미기우스 주교에게 세례를 받는 클로비스. 1500년경 중세 화가의 작품이다.

유가 있어. 프랑크 왕국을 세운 클로비스가 프랑크 사람들에게 크리스트교를 믿도록 한 점이야. 그때까지 이들은 부족이라는 좁은 테두리 속에 살면서 여러 자연물을 대상으로 한 토속신이나 귀신, 악마 따위를 섬기고 있었어. 다른 부족은 무조건 적이라고 생각하고 그들과 싸워 이기기 위해 미신이나 마법에 의지하며 살아왔던 거야.

그러나 크리스트교를 믿은 이후로 프랑크족은 다른 부족을 적으로 여기던 편견에서 벗어나 그 지역에 살던 예전 로마인들은 물론이고 다른 부족과도 서로 어울려 지내게 되었어. 결국 이들은 크리스트교를 통한 문명화에 성공해서 차츰 이전의 야만적인 관습을 바꿔 나갔단다. 유럽 대륙 안쪽, 로마 제국의 변경이었던 프랑크 왕국은 이렇게 성장해 나갔어. 그리고 이 프랑크 왕국을 중심으로 고대 문화와는 다른 새로운 중세 문화가 싹트기 시작했어.

이렇게 프랑크 왕국의 안정을 바탕으로 형성되기 시작한 중세 문화는 고대 그리스·로마 문화와는 확연히 구별되는 특징을 보인단다.

우선 게르만족의 야만적인 생활 관습이 월등히 높은 수준의 문화였던 로마 문명의 잔재와 섞이게 되었지. 여기에 혼란기에 매우 큰 영향력을 발휘한 크리스트교가 중세 사람들의 삶과 죽음에 대한 태도까지 결정짓게 되면서, 교회가 사회의 중심이 되는 제도와 문화가 발달하기 시작한 거야.

🚶 크리스트교의 탄생과 전파

크리스트교는 이스라엘 지방에서 생겨난 종교야. 예수는 로마의 지배를 받고 있던 이스라엘의 베들레헴에서 태어났지. 가난하고 병든 이들의 고통스러운 생활을 지켜본 예수는 홀로 황야에서 기도를 하며 사람들을 고통에서 해방시켜 줄 진리를 찾았어.

예수는 사람들에게 깨우침을 주기 위해 설교도 하고 병든 사람들을 치료해 주기도 했어. 그는 무엇보다 사랑을 실천하기 위해 노력했고, 사랑을 통해서 이스라엘 민족만이 아닌 온 인류가 구원을 받을 수 있다고 가르쳤어. 예수가 고름이 흐르는 나병 환자들의 상처를 어루만지며, 사람들이 손가락질하고 업신여기는 이들에게 용기를 주고, 배고픈 사람들에게 음식을 베푸는 이야기는 성경에 많이 나와 있지. 이런 예수를 따르는 사람들은 점점 늘어났고, 그가 바로 이스라엘 백성들이 오랫동안 기다려 온 구세주라고 믿는 사람들도 생겨났어.

하지만 늘 억눌리고 힘없는 사람들 편에 섰던 예수는 가난한 이들을 억압하고 그들에게 세금을 거두어 가는 사람들의 미움을 받았어. 또 구세주가 이스라엘 민족만을 구원할 것이라는 좁은 생각을 가지고 오래전부터 내려오는 유대교의 율법에 따라 생활해야 한다고 믿었던 유대교 지도자들도 그를 몹시 미워했지. 예수는 유대교의 법을 꼭 따르지 않더라도 올바른 일을 행하고 사랑을 실천하는 것이 더 중요하다고 가르쳤기 때문이야. 유대교 지도자들은 예수가 거짓으로 신의 아들 행세를 하며 사람들을 그릇된 길로 이끈다는 이유로 잡아들여서는 로마의 총독에게 넘겨 버렸어. 결국 예수는 십자가에 못 박혀 죽게 되었지.

그런데 예수는 그로부터 사흘 뒤 부활하여 제자들 앞에 모습을 나타냈다고 전해지고 있어. 그 뒤 예수의 부활을 믿는 그의 제자들은 예수의 가르침을 널리 알리기 위해 나섰어. 이렇게 해서 예수의 가르침은 유럽 세계에 전해졌고, 오늘날까지도 유럽은 크리스트교 문화를 발전시켜 오게 된 거야.

크리스트교가 빠른 속도로 온 유럽으로 퍼져 나갈 수 있던 것은 예수의 가르침이 모든 사람들에게 구원을 약속했기 때문이기도 하지만, 당시 로마라는 통일된 세계 제국이 있었기 때문이기도 해. 말과 생활 방식이 같았던 로마 제국은 커다란 연못과도 같아서, 연못 한 귀퉁이에 돌을 던지면 그 돌이 일으킨 물결이 널리 퍼져 나갈 수 있었던 거야.

크리스트교가 전파되던 초기에는 로마 정부가 크리스트교도들을 잡

〈예수의 기적〉 19세기 프랑스의 화가 제임스 티소가 나병 환자를 치료하는 예수의 모습을 그렸다.

아다 가두고 죽였어. 유일신 하느님만 섬기고 로마 황제를 신으로 떠받들지 않는다는 이유였지. 네로 황제가 크리스트교도들을 사자 우리에 넣어 사자의 밥으로 삼았다는 이야기는 잘 알려져 있지. 그러나 크리스트교를 믿는 사람들의 수는 정부가 막을 수 없을 정도로 늘어만 갔어. 그 반면에 로마 제국의 힘은 점차 약해져서 각 지방이 로마에게서 떨어져 나가려는 움직임이 두드러지기 시작했어. 그러자 콘스탄티누스 황제는 크리스트교의 힘을 빌려 로마 제국의 힘을 다시 모아 보려는 생각으로 313년에 크리스트교를 인정해 주었어. 그 뒤 크리스트교는 로마의 종교가 되었고, 더 나아가 서양의 종교로 이어졌단다.

게르만족이 로마로 들어왔을 때 그들이 처음 만난 문명도 크리스트교 문명이었어. 그들이 야만 세계에서 문명 세계로 들어와 점차 자리를 잡아 가는 과정은 크리스트교를 받아들이면서 야만적인 관습들을 버리는 과정이었어. 크리스트교는 사람을 잔인하게 죽이고, 적의 눈알을 뽑고 혀를 잘라 내면서도 그것을 죄라고 생각지 않던 게르만족에게 용서와 화해를 가르쳤어. 그 덕에 폭력을 버리고 다른 부족들과 사이좋게 공존하게 된 게르만족은 새로운 문화를 일구어 나갔어. 게르만족 중에서도 크리스트교를 빨리 받아들인 프랑크족이 제일 먼저 큰 나라로 발전해 나갔던 것도 바로 이런 이유 때문이었지.

크리스트교를 공인한 콘스탄티누스 황제
콘스탄티누스 황제는 325년에 로마의 주교들과 니케아에서 종교 회의를 열고 교리를 확정했다.

크리스트교 정신이 지배하는 나라

흔히 서양의 중세는 크리스트교가 지배한 시대였다고 해. 그만큼 중세 유럽에서 크리스트교의 영향력은 매우 컸단다. 크리스트교 교회의 세력은 중세 초의 혼란스러운 상황에서 자라났어. 중세 초기의 유럽에는 통일된 나라가 없었다고 했지? 그러니 문명사회에 길들여지지 않은 게르만족이 폭력을 휘둘러도 그들을 제약하거나 벌을 줄 만한 법도 존재하지 않았지. 이런 상황에서 각자의 부족 신을 숭배하며 부족 중심의 질서 속에서 살아온 게르만족과 켈트족, 슬라브족은 여전히 다른 부족을 적으로 규정하고 해치고 죽여야 하는 대상으로 여겼어. 이때 이들 부족 간의 적의를 누그러뜨려 사람들의 목숨을 보호하기 위해 노력했던 이들이 있었어. 바로 크리스트교 성직자들이었지. 크리스트교를 퍼뜨려 부족 간의 살육을 막았던 거야.

당시 교회는 나라를 잃은 사람들이 의지할 수 있는 마지막 보루나 다름없었어. 성직자들은 나라를 잃고 굶주림과 혼란 속에 살아가는 사람들을 다독여 어려운 시기를 살아 나갈 수 있는 용기를 주었지. 배고픈 사람들에게는 식량을 나누어 주기도 하고, 이민족에게 쫓기는 사람들에게는 숨을 곳을 마련해 주었어. 그런가 하면 성직자들은 게르만족 사람들에게 야만적인 풍습을 버리도록 생활에서 지켜야 할 일들을 가르쳤고, 게르만의 왕들에게는 품위 있는 왕이 되려면 어떻게 해야 하는지 알려 주기도 했어. 게르만족을 무기로 막아 내려 하지 않고 크리스트교 정신으로 품어 안은 거지. 이들의 활약으로 각자 자신만의 관습을 지키며 서로를 적으로 여기던 여러 부족이 크리스트교라는 하나의 문화를 공유하면서 화합을 이루기 시작했어.

복음서 필사 800년경 수도원에서 복음서를 필사하는 수도사(왼쪽)와 수도사들이 필사한 복음서의 일부(오른쪽). 당시 필사한 책들은 금색과 예쁜 그림들로 장식되었다.

  사실 중세 초의 유럽에서는 왕이나 귀족들도 글자조차 모를 만큼 무식한 사람들이었어. 그들은 무기를 들고 적과 싸울 줄만 알았지, 공부를 하거나 교양을 쌓는 일에는 아무 관심이 없었어. 게다가 이 시기에는 글자와 학문을 가르치는 학교도 찾아보기 어려웠단다.

  이런 시대에 몇 안 되는 학교가 남아 있는 곳이 바로 교회였고, 글을 읽고 쓸 줄 아는 사람들은 대부분 교회의 성직자들이었어. 고대에 쓰인 많은 책이 불타고 과거의 훌륭한 학문도 잊혀졌지만, 성직자들은 남아 있는 책들을 모아 교회에 보관하고 직접 베껴 썼어. 중세 초의 교회는 글자와 학문이 사라진 사막에서 지식을 보관하는 창고였던 셈이지.

  애초에 교회 학교는 크리스트교의 가르침을 전해서 성직자를 길러

내는 곳이었어. 하지만 점차 성직자가 될 사람들 말고 다른 사람들도 가르치게 되었어. 그러자 교회 학교에서 공부한 사람 중에 나라의 일을 맡아보는 관리들이 등장했고, 크리스트교의 가르침은 자연스럽게 나라를 다스리는 정신으로 자리 잡았단다. 이렇게 해서 크리스트교는 사람들의 마음속으로, 생활 속으로, 나라를 다스리는 정신 속으로 파고들어 갔어.

시간이 갈수록 교회는 그 어떤 왕국 못지않은 큰 힘을 갖게 되었고, 점차 교회 지도자들은 크리스트교가 다스리는 통일된 나라를 꿈꾸게 되었어. 하지만 교회가 아무리 사람들의 마음과 정신을 사로잡는 큰 힘을 가졌다 해도, 정작 통일된 나라를 세우는 데 꼭 필요한 힘이 없었어. 세속 국가들처럼 군대를 갖출 수 없었기 때문이지. 그러니 세속의 왕들처럼 크리스트교를 믿지 않는 부족의 땅에 쳐들어가 그곳을 정복하고 통일 왕국을 건설할 수는 없었던 거지. 그래서 당시 교황과 각지의 교회 지도자들은 로마 제국처럼 유럽 전체를 군사적으로 통일할 수 있는 크리스트교 나라가 나타나 주기만을 간절히 바라고 있었어.

샤를마뉴, 유럽을 통일하다

이 무렵 프랑크 왕국에서는 샤를마뉴(742~814)가 왕위에 올라 서유럽 지역을 차근차근 정복해 나가고 있었어. 샤를마뉴는 크고 작은 전쟁이 끊이지 않던 8세기에 수많은 전쟁에서 승리를 거두어 프랑크족 역사상 가장 넓은 영토를 일구었던 왕이야.

샤를마뉴의 이름은 각 나라의 언어에 따라 다르게 불린단다. 오늘날의 프랑스와 독일 땅을 지배했고 에스파냐 정복에도 나섰던 그를 여러 나라에서 자기들 방식으로 부르기 때문이야. 샤를마뉴란 위대한 샤를 왕이라는 뜻의 프랑스어로, 우리말로는 '샤를 대제'라고 불리기도 해. '샤를'은 독일식으로는 '카알', 에스파냐식으로는 '카를로스', 또 영어식으로는 '찰스'라고 하지. 키가 크고 갈색 머리털을 가졌던 샤를마뉴는 힘이 넘치고 뜻한 바를 굽히지 않는 왕이었다고 해. 지금도 프랑스 파리에 가면 샤를마뉴를 만날 수 있단다. 파리의 노트르담 성당 앞에는 말 위에 올라탄 채 검을 높이 치켜든 샤를마뉴의 동상이 서 있어.

샤를마뉴는 전쟁에 나가 싸우는 능력도 뛰어났지만 전쟁 준비에도 무척 치밀한 왕이었어. 전쟁에서 기사들이 타는 말이 얼마나 중요한지를 깨닫고 좋은 말을 길러 내는 데 힘썼는가 하면, 전투가 벌어질 곳의 지리 조건을 미리 파악하기 위해 지리학자들의 도움을 받기도 했지. 샤를마뉴 시대에는 철광석에서 철을 뽑아내는 기술도 크게 발전했대. 전쟁에서 이기려면 무엇보다 칼의 성능이 좋아야겠지? 좋은 칼은 좋은 철이 있어야 만들 수 있을 테고. 그러니 샤를마뉴는 제철 기술을 발달시킨 거야. 샤를마뉴는 용맹할 뿐 아니라 지혜도 갖춘 왕이었어.

샤를마뉴의 정복 활동을 통해 어느덧 프랑크 왕국은 옛 로마 제국의 영토

샤를마뉴 프랑스 파리 노트르담 성당 앞에 있는 샤를마뉴의 동상.

대부분을 차지했단다. 동쪽으로는 멀리 오늘날의 헝가리와 유고슬라비아까지 정복했고, 남쪽으로도 이탈리아 지역까지 프랑크 왕국에 속하게 되었지.

샤를마뉴는 전쟁에 나설 때면 기사들과 함께 선교사들도 데리고 다녔어. 새로 정복할 땅의 게르만족에게 크리스트교를 믿게 하기 위해서였지. 그는 수많은 게르만족이 흩어져 살며 경쟁을 일삼는 이 지역에서 한 번 싸움에 이긴 것으로 그 땅의 주인이 될 수 없다는 점을 잘 알고 있었어. 그래서 게르만족이 크리스트교의 가르침 아래 하나로 화합해서 샤를마뉴를 따르도록 했던 거야.

교황과 황제가 함께 유럽을 다스리다

샤를마뉴는 군대의 힘으로 유럽 대부분의 지역을 정복했어. 하지만 그것만으로 왕국을 유지할 수는 없었어. 왕국의 기틀을 갖추려면 흩어져 살며 싸움을 일삼던 수많은 게르만족을 화합시켜 한 왕국의 백성이 되게 해야 했어. 사람들이 더 이상 다투지 않고 샤를마뉴를 잘 따르도록 하기 위해서는 왕국 전체를 아우르는 정신적인 원리가 필요했던 거지. 샤를마뉴는 크리스트교가 자신의 왕국을 다스리는 데 필요한 정신적인 원리가 될 수 있으리라 믿었어. 그는 스스로 교회에서 세례와 신앙 고백 의식을 치르고, 나라 안 야만인들의 생활 방식을 크리스트교를 통해 바꾸려 했어. 또 전쟁에 나설 때면 기사들과 함께 선교사들도 데리고 다녔어. 새로 정복할 땅의 게르만족에게 크리스트교를 퍼뜨리기 위해서였지. 샤를마뉴가 이렇듯 크리스트교를 강력히 후원

하자, 교회 지도자들도 그를 따르기 시작했어.

결국 교황이 샤를마뉴에게 손을 내밀었어. 크리스트교의 가르침에 따라 다스리는 커다란 나라를 꿈꾸고 있던 교황이 교회가 갖지 못한 군사적 힘을 샤를마뉴가 가지고 있다는 점을 알아차린 거야. 크리스트교 제국을 세우고 싶었으나 군대가 없었던 교황과, 군대를 앞세워 넓은 영토를 정복했으나 사람들을 하나로 묶어 낼 정신적 원리가 아쉬웠던 샤를마뉴는 곧 손을 맞잡았어. 혼란스러운 시기에 나라를 대신해서 사람들을 보호해 왔던 크리스트교의 수장과 힘으로 넓은 땅을 정복한 세속 군주가 힘을 합치는 순간이었지.

교황 레오 3세는 교회의 권위로 샤를마뉴를 서로마의 황제라고 인정하고, 800년 크리스마스 날 샤를마뉴에게 직접 왕관을 씌워 주었어. 이 대관식을 통해 게르만족이 침입한 이후 무너져 버린 로마 제

샤를마뉴의 대관식 800년 크리스마스 날에 교황 레오 3세가 샤를마뉴에게 로마 황제의 관을 씌워 주고 있다.

국이 다시 부활했단다. 이는 크리스트교의 교황과 황제가 함께 다스리는 나라가 생겨났음을 상징하는 사건이기도 해. 이 대관식으로 프랑크족 왕에서 서유럽의 황제가 된 샤를마뉴는 통일 제국을 이루고자 한 자신의 목적을 이룬 셈이었어. 한편 황제에게 관을 씌워 줌으로써 교황의 권위는 더욱 높아졌고, 이는 중세 내내 교회와 교회 지도자들이 큰 힘을 가질 수 있는 바탕이 되었단다. 자, 이제 중세 유럽을 세속 군주와 크리스트교가 함께 지배한 사회였다고 말하는 이유를 알겠지?

샤를마뉴의 궁정 학교

샤를마뉴의 대관식으로 로마 제국이 되살아나기는 했지만, 샤를마뉴의 제국은 문화적인 면에서 고대 로마 제국에 비할 바가 못 되는 나라였어. 로마법처럼 제국을 하나로 균형 있게 지배할 만한 법 체계도 없었고, 로마 제국이 시민들에게 제공하던 공공 서비스도 갖추지 못했지. 나라 살림을 꾸려 갈 세금조차 제대로 거둘 수 없었어. 또 샤를마뉴 곁에는 교양 있는 관리들이 부족했어. 왕의 궁정에 모이는 귀족들의 교양 수준도 형편없었지. 그래도 이들은 궁정에 모이면 교양인다운 놀이를 즐기고 싶어 했는데, 요즈음의 우리가 보기에는 우스운 수준이었어. 끝말잇기나 글자 맞추기 정도면 교양 있는 놀이였다고 해. 게다가 게르만족은 여전히 자신들이 믿는 신에게 산 사람을 잡아다 바칠 정도로 야만적인 풍습을 버리지 않고 있었어.

　샤를마뉴는 고대 예술품이 모두 파괴되고 학문과 지식이 땅에 떨어져 이름뿐인 로마 제국을 다스리게 되었던 거야. 그뿐만 아니라 무역 중심지로서 북적거리던 로마의 대도시들도 모두 쇠락해서, 샤를마뉴의 제국에서 옛 로마 제국의 위엄은 찾아볼 수 없었어.

그런데 774년, 샤를마뉴는 로마를 방문하게 되었어. 그는 로마에서 과거 로마 제국의 찬란했던 문화를 보여 주는 여러 기념물을 보고 감탄을 했지. 이에 샤를마뉴는 자신의 왕국을 문화와 예술의 중심지로 만들 계획을 세웠어. 그 자신부터 지식과 교양을 쌓는 데 열심이었는데, 식사 중에도 신하를 시켜 로마인 학자들이 쓴 책을 소리 내 읽게 할 정도였대.

샤를마뉴의 궁정 학교 궁정 학교 제자들을 가르쳤던 대학자 앨퀸(가운데)이 제자(왼쪽)가 저서를 대주교(오른쪽)에게 바치는 것을 지켜보고 있다.

샤를마뉴는 문화를 발전시키기 위해 엑스라샤펠에 궁정 학교를 열었어. 지금의 독일 아헨 지방에 해당하는 엑스라샤펠은 샤를마뉴가 수많은 전쟁을 치르면서도 공들여 건설한 프랑크 왕국의 수도였어. 그는 당시 가장 학식이 뛰어났던 대학자 앨퀸(732~804)을 불러 궁정 학교에서 가르치는 일을 맡겼어. 또 그때까지 전해지던 고대의 책들을 모아 궁정 학교에서 베껴 쓰도록 해서 고대 문화가 후대에까지 이어질 수 있도록 했어.

샤를마뉴가 이렇게 궁정 학교를 열어 학문의 발전을 위해 힘을 쏟은 것은 왕실과 나라의 위엄을 높여야겠다는 생각에서였어. 물론 나라를 다스리는 관리들을 교육시키려는 목적도 컸지. 그는 공부를 게을리하는 신하들을 직접 꾸짖기도 했대.

그뿐 아니라 샤를마뉴는 장인들을 모아 궁정에서 그림을 그리고 조각품도 만들게 했어. 하지만 이때 만들어진 작품들은 고대의 웅장하고 창의적인 작품에 비하면 수준이 한참 떨어졌지. 창의적인 작품은 커녕 고대의 작품을 본떠 입체를 표현할 수 있는 작가도 거의 없었으니까. 이 무렵의 작가들은 고작 상아로 작은 장

복음서의 표지 샤를마뉴 시대의 장인이 870년에 만든 작품.

식품을 만들고, 가느다란 펜으로 장식적인 그림을 그릴 수 있을 뿐이었다고 해.

샤를마뉴의 제국이 고대 로마 제국의 위엄과 영광에 미치지 못하는 나라였듯, 그가 부흥시킨 학문과 예술도 고대의 것과는 비교할 수 없을 만큼 낮은 수준에 머물렀어. 하지만 샤를마뉴가 궁정 학교를 열고 학문과 예술을 되살려 보려고 노력한 것은 역사적으로 매우 뜻깊은 일이었어. 모든 것이 파괴된 잿더미 속에서 하루아침에 훌륭한 작품이 나올 수는 없었지만, 훗날을 위해 잿더미가 된 밭을 일구고 씨를 뿌린 것이라고 할 수 있어. 그래서 역사학자들은 고대의 학문과 예술을 되살리려고 노력했던 샤를마뉴의 궁정을 '캄캄한 암흑시대에 반짝이는 등불'이었다고 비유하고, 이 시기의 문화적 노력을 '카롤링거 르네상스'라고 불러. 오늘날까지 전해지는 고대 로마의 문헌은 대부분 이 당시에 복원된 것들이란다. 샤를마뉴는 혼란 속에서 사라져 간 고대 문화를 근대에 전해 주는 중요한 다리 역할을 한 거야.

이렇듯 6세기부터 11세기에 이르는 중세 초기는 로마 제국이 무너진 뒤 크리스트교와 프랑크 왕국이 중심이 되어 새로운 문화를 형성해 가는 시기였어. 이민족의 침입과 국가의 붕괴로 나타난 혼란 속에서 무역과 도시가 쇠퇴하고 세련된 고급문화도 쇠락했지. 하지만 이런 상황에서 크리스트교는 사람들의 정신적 지주로 자리 잡았고, 넓은 영토를 정복한 세속 군주와 힘을 합치면서 새로운 중세 문명의 기반을 닦았어.

🚶 롤랑의 노래

샤를마뉴와 그에게 충성을 맹세한 기사들의 용맹스러운 전투 이야기가 '롤랑의 노래'에 담겨 있어. '롤랑의 노래'는 1100년경에 쓰여진 서사시로 778년 샤를마뉴가 에스파냐 이슬람 교도를 정복하는 과정에서 실제로 벌어진 전투에 관한 이야기를 담고 있어. 이 노래는 이야기꾼이 한가한 귀족들을 찾아가 읽어 주는 이야기였기 때문에 재미를 더하기 위해 꾸며 낸 부분도 꽤 많아. 하지만 그 이야기 속에서 당시 기사들의 용맹한 모습과 왕을 위해서는 목숨도 아까워하지 않는 태도를 엿볼 수 있어. 그럼, '롤랑의 노래' 일부분을 감상해 보자.

"경들이여, 저 깎아지른 듯한 골짜기와 좁은 통로를 보시오. 맨 뒤에 따라오게 할 부대의 대장으로 누가 좋을지 결정해 주시오."
샤를마뉴가 말하자, 그의 부하 가늘롱이 대답한다.
"롤랑이 좋을 듯하옵니다. 롤랑처럼 용감한 기사는 다시 없을 테니까요."

샤를마뉴는 평소 롤랑을 시기하고 미워하던 가늘롱이 가장 위험한 일을 롤랑에게 떠넘길 마음이라는 것을 알아차렸어. 좁고 험한 산길에서 맨 뒤에 따르는 부대는 숨어 있던 적의 공격을 받아 목숨을 잃기 쉬운 법이니까. 가늘롱이 맨 뒤에 설 부대의 대장으로 자신을 뽑았다는 소식을 전해 들은 롤랑은 당당하게 왕 앞으로 나아가 충성을 다짐하며 말했지.

"제가 맨 뒤에서 부대를 이끌고 가는 한 프랑스를 다스리는 샤를마뉴 왕께서는 타실 모든 말도, 나귀나 노새 한 마리도 잃지 않으실 것이옵니다."

〈롤랑의 노래〉 노래 속 여덟 장면을 한 장의 그림에 그려 넣었다. 13~15세기에 프랑스 왕실에서 편찬한 《프랑스 연대기》에 실려 있다.

 하지만 롤랑은 이 골짜기를 지나다 숨어 있던 이슬람 교도의 공격을 받고 죽는단다. 물론 그가 이끌던 부대의 기사들도 모두 죽고 말았지. 사실 가늘롱은 적과 짜고 롤랑을 포함해 가장 용감한 기사 12명을 그곳에서 넘겨 주기로 약속한 거였어. 이후 '롤랑의 노래'는 샤를마뉴가 롤랑의 원수를 갚으려고 돌아왔고, 롤랑을 '세상에서 가장 전투를 잘하던 용감한 자'라고 칭찬했다는 내용으로 이어진단다.

중세 유럽의 새 질서, 봉건 제도

다시 찾아온 혼란과 새로운 제도

샤를마뉴의 노력으로 잠시 안정을 찾는가 싶던 유럽은 그가 죽은 뒤 또다시 혼란에 휩싸였단다. 프랑크 왕국에는 아버지가 아들들에게 땅을 나누어 주는 관습이 있었는데, 샤를마뉴도 이 관습에 따라 왕국을 세 아들에게 갈라 주었어. 이로써 강력한 황제가 사라지자 지방의 넓은 땅을 차지하고 있던 대토지 소유자들이 그 지방의 권력자로 떠올랐지. 결국 샤를마뉴가 애써 마련했던 유럽 제국의 기초는 다시 무너지고 말았단다.

게다가 이 무렵 유럽은 또다시 각지에서 밀려온 외적의 침입을 받았어. 남쪽에서는 이슬람 교도가, 동쪽에서는 마자르족이, 그리고 북쪽에서는 노르만족이 유럽으로 밀려들었어. 그중에서도 특히 노르만족의 약탈이 심했지. 힘세고 사나운 노르만족이 유럽 여기저기를 휩쓸

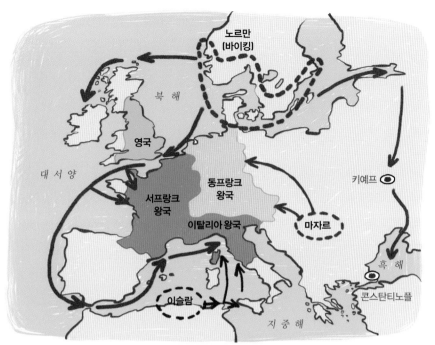

이민족의 침입 9~10세기 유럽을 침입한 이민족들. 특히 '바이킹'으로 알려진 노르만족은 무시무시한 약탈자였다.

고 다니면서 약탈을 했기 때문에 유럽 사회 전체가 혼란에 빠졌단다.

　외적을 막아 줄 강력한 정부가 없는 상황에서 자신과 가족을 스스로 지켜 낼 힘이 없는 사람들은 자연스럽게 보호자를 원했어. 반대로 힘 있는 사람들은 약한 이들의 생명과 재산을 외적으로부터 보호해 주는 대신 그들을 지배했지. 각 지방마다 주민들이 싸움을 잘하는 전사에 의지해 안전을 보장받고, 그 대가로 그들에게 생산물을 바치는 제도가 생겨난 거야.

　한편 전사들은 외적과 전쟁을 치르기 위해 자신과 같은 편이 되어 줄 다른 전사들을 찾았어. 이들은 각자 필요한 동지를 찾아 계약을 맺고 한편이 되었지. 이런 계약 과정에서 더 강한 자와 그보다 약한 자 사이에는 위계질서가 생겨났어. 강한 자는 땅이나 하사품을 내려 더욱 많은 전사를 자기 밑에 거느리려 했고, 땅이나 하사품을 받은 약한 전사들은 복종의 의무를 졌단다.

중세의 혼란 속에서 새롭게 생겨난 제도는 이렇게 개인적인 지배와 복종의 관계로 이루어진 전사 집단이 국가 권력을 대신하는 성격을 갖고 있었어. 전사 집단의 보호 없이는 생존조차 보장되지 않는 많은 사람이 전사들에게 의탁하고 자신이 일해 얻은 생산물을 바쳐야 했지. 이것이 바로 중세 유럽의 '봉건 제도'라고 불리는 질서야.

유럽을 뒤흔든 '바이킹'

8세기 무렵 유럽을 다시 한 번 큰 혼란에 빠뜨린 무시무시한 약탈자 무리는 유럽의 북쪽 끝에서 내려온 노르만족이었어. '노르만'이라는 이름은 '북쪽 사람들'이라는 뜻이야. 우리에게는 '바이킹'이라는 이름으로 더 잘 알려져 있지.

몸집이 엄청나게 크고, 파란 눈에 금발 머리를 가진 바이킹들은 힘이 세고 배를 잘 다루는 것으로 유명해. 이들은 원래 지금의 스웨덴과 노르웨이, 덴마크 지역에 살며 고유의 언어와 문화를 발전시켜 오고 있었어. 이들은 성능이 매우 뛰어난 배를 만들 줄 알았어. 바이킹의 배는 갑판이 없는, 폭이 좁고 긴 배였어. 나무로 만든 배의 길이는 보통 20미터나 되었다고 해. 노를 젓거나 돛을 매어 배를 움직였는데, 무척 빨라서 먼 지역까지도 순식간에 배를 몰고 가서 약탈을 할 수 있었지. 또 뱃머리가 동그랗게 말려 올라간 것처럼 생긴 이 배는 물살이 거센 강도 거슬러 올라갈 수 있었어. 노르만족은 바닷가 도시만 습격한 것이 아니라, 배를 타고 강줄기를 따라 유럽 대륙을 휩쓸고 다녔어. 강폭이 좁아져 더 이상 배가 들어갈 수 없는 곳에 이르면 그들은 배에서 내려 배를 끌거나 메고 갔대. 그 정도로 힘이 셌던 거지. 또 그들을 막기 위해 쌓은 성벽도 어찌나 잘 타고 넘는지, 일단 노르만족의 발길이 닿으면 사람들은 도망치는 수밖에 없었어.

노르만족의 침략에 시달리던 프랑크와 영국의 왕들은 이들에게 엄청난 돈을 갖다 바치거나 땅을 떼어 주고 화를 면하기도 했어. 그럼에도 이들의 침략은 약 150년 동안이나 온 유럽을 뒤흔들어 놓았어. 노르만족의 약탈이 잦아들 무렵 뚜렷이 자리가 잡힌 중세 유럽의 봉건 제도는 이들의 침략을 방어하기 위한 노력이 제도화된 것이라고 할 수 있어.

바이킹 배의 모형 바이킹 배는 폭이 좁고, 뱃머리가 용의 머리나 동그랗게 말려 올라간 모양을 한 것이 특징이다.

흔히 동화 속에 많이 등장하는 모습, 곧 아름다운 성이 있고 왕과 귀족이 있고 또 용감한 기사가 사는 사회는 이런 중세 유럽을 그린 거야. 이런 동화를 통해서도 당시 사회를 이해해 볼 수 있어. 지금 우리가 접하는 동화들은 원래 전해지던 이야기에서 적당히 줄거리만 옮겨 놓은 것이 많아 잔인하고 암울했던 당시 사회 분위기까지 전해 주지는 못하지만, 등장인물들과 그들이 하는 일을 보면 당시 사람들이 살았던 모습을 조금은 짐작해 볼 수 있지.

주군과 가신이 맺는 주종 관계

중세 유럽의 지배자들은 흔히 우리가 생각하는 나라의 지배자들과는 다른 구조를 이루고 있었어. 특히 우리나라는 옛날부터 강력한 왕권을 중심으로 신하들이 조직되어 나랏일을 돌보는 체제였기 때문에 중세 유럽의 왕과 귀족들의 관계를 이해하기가 쉽지 않을 거야.

중세 유럽의 지배자들은 모두 전투를 담당하는 전사들이었어. 이들 가운데 가장 힘이 센 사람이 왕이 되었지. 그러나 왕의 힘만으로는 적과 전쟁을 치르거나 자신의 영토 내의 질서를 유지해 나갈 수 없을 정도로 왕권이 약했어. 자신이 직접 명령할 수 있는 군대나 신하들을 거느린 강력한 왕은 없었지. 이렇게 강력한 지배자가 없는 유럽 사회에는 전쟁과 무질서의 위협이 늘 존재했어. 그래서 전사들은 유사시에 서로 도와 안전을 지키기 위해 각기 다른 전사와 계약을 맺어 두고, 필요할 때마다 함께 전투에 참여하거나 중요한 일을 의논하기도 했어.

중세의 전사들 사이에는 서열이 있었어. 세력이 큰 전사부터 약한 순서로 서열이 정해졌고, 이들 전체가 큰 조직을 이루었어. 이 조직에서 가장 서열이 높은 사람이 왕이었고, 조직 내에서 서열이 높은 전사와 낮은 전사 사이에는 권리와 의무의 내용이 정해졌지. 전쟁에서 싸움을 잘하고 전사들을 잘 이끄는 능력이 있어야 왕이 될 수 있었어. 하지만 왕의 자리를 유지하는 데 필요한 가장 중요한 능력은 자신을 따르는 전사들에게 땅을 주는 것이었어. 이 땅을 '봉토'라고 해. 봉토는 일정 지역을 떼어 그 지역에 대한 지배권을 주는 것으로, 일단 봉토를 받은 전사는 그곳에서 세금을 거둘 수 있고, 자기가 법을 만들어 통치할 수도 있었어. 그러니 왕에게서 봉토를 받은 전사들은 부와 권력을 가졌고, 귀족으로서 왕과 함께 지배 계급을 이룰 수

주군에게 충성을 맹세하는 기사 '롤랑의 노래'에서 샤를마뉴 왕이 롤랑을 기사로 임명하는 장면을 그린 14세기의 그림.

있었지. 봉토를 받은 귀족들은 그 보답으로 왕의 부하가 되어 충성을 맹세했어. 이들은 왕이 부를 때면 언제라도 전투에 나설 준비가 되어 있어야 했고, 그 밖에도 왕의 명령에 복종하며 도움을 주어야 했어. 이때 왕을 '주군'이라고 하고, 그를 따르는 전사의 무리를 '가신'이라고 불러. 봉토를 떼어 주고 그 보답으로 충성을 맹세함으로써 맺어지는 이 주군과 가신의 관계를 '주종 관계'라고 하지.

그런데 주종 관계는 왕과 귀족들 사이에서만 성립된 것이 아니야. 왕에게 봉토를 받은 이들은 또다시 자신을 따르는 전사의 무리를 거느렸어. 전투에 나갈 때 자신과 함께하는 대가로 자신의 땅을 떼어 나누어 주고, 그들에게 충성의 맹세를 받았지. 이들은 왕과 맺는 관계에서는 가신이지만, 자신의 부하들 앞에서는 주군이 되는 거야.

우두머리인 주군에게 절대 복종을 맹세한 무리로 이루어진 이러한 조직들은 매우 개인적인 관계에 의해 지속되었어. 의리를 중심으로 절대 복종을 맹세하는 마피아나 폭력배 조직과 아주 비슷해. 우두머리가 부하들의 생계를 책임질 수 있는 수단을 마련해 부하의 실력에 따라 대가를 나누어 주고, 부하들은 유사시에 우두머리의 명령을 받들어 목숨을 걸고 싸우는 것도 같아. 중세의 군대란 전사 조직의 우두머리가 자신에게 복종을 맹세한 전사를 소집해서 모인 기사 집단이었어. 중세 유럽의 지배자들은 각자의 필요에 따라 각각 다른 주군 또는 가신들과 매우 복잡한 주종 관계를 맺고 있었어. 그래서 중세 유럽의 왕과 귀족의 관계는 보통 공적인 업무를 책임지고 맡음으로써 한 나라의 왕과 신하들이 맺는 관계와는 매우 달랐지. 이제 중세 유럽의 지배자들이 참 독특한 지배 구조를 이루었다는 걸 알 수 있겠지?

장원 제도로 얽힌 귀족과 농노들

귀족들은 주종 관계를 맺으면서 봉토로 받은 땅을 직접 경작하지 않았어. 그들의 임무는 전투에 나가 싸우거나 싸움을 더욱 잘할 수 있도록 무예를 익히는 것이었으니까. 귀족들은 소유한 땅을 다른 사람들에게 경작하도록 했어. 이들의 보호를 받는 대신 농사를 지어 그 생산물을 바치는 사람들, 바로 농노였지.

세력 있는 귀족들의 영지는 매우 넓었어. 전국에 걸쳐 영지를 가진 귀족도 있었지. 귀족들의 영지는 '장원'이라는 작은 단위로 나뉘어 있었어. 장원은 마을 하나 정도 되는 크기의 땅이야. 같은 장원에 사는 농노들은 하나의 공동체를 이루고 살면서 함께 농사일을 하고 땅주인인 영주에게 공동으로 생산물과 노역을 바쳤어.

장원 내의 토지는 영주의 땅과 농노가 이용하는 땅으로 나뉘어 있었어. 물론 영주의 땅에서 일하는 사람들도 장원에 사는 농노들이었단다. 장원의 땅을 이용하는 대가로 영주의 땅에서 부역을 해야 했

밀밭에서 일하는 농노들 14세기 영국에서 제작된 〈퀸 메리의 시편〉에 실린 8월 달력 삽화.

던 거지. 지역에 따라 다르지만 농노들은 1주일에 3일에서 6일씩 영
주의 땅에서 일해야 했어.

기사는 누가, 어떻게 되었을까?

중세 유럽의 왕과 귀족들은 모두 전사들이라고 했지? 당시의 전투는
말을 타고 싸우는 전사가 이끄는 방식이었기 때문에 이들을 '기사(騎
士)'라고 불러. 기사들은 갑옷을 입고, 값비싼 무기를 들고, 말을 타고
싸웠어.

  왕은 가신에게 봉토를 줄 때 자신이 요청하면 전투에 나갈 기사들
을 보내야 한다는 약속을 받았어. 중세 초에는 그냥 말로 몇 명의 기
사를 데려와야 한다고 했지만, 나중에는 아예 양피지에 계약서를 써
서 자기가 주는 봉토 크기에 따라 몇 명의 기사를 데려와야 하는지

기사의 서임식 15세기 초 프랑스의 존 2세가 기사 임명식을 하는 장면.

적었어. 왕이 전쟁을 벌이면 세력이 큰 가신들은 자신의 기사들을 거느리고 참여했고, 세력이 약한 가신은 스스로 기사가 되어 나섰지.

이러한 기사가 되기 위해서는 훈련이 필요했어. 귀족 계급의 소년들은 기사가 되기 위해 7~8세에 집을 떠나 다른 귀족의 집에서 살았어. 처음에는 기사의 시종 노릇을 하면서 기사의 몸가짐을 익히고, 14~15세가 되면 기사의 조수가 되어 본격적인 기사 수업을 받았지. 갑옷과 무기 등을 들고 다니며 필요할 때 기사가 제대로 착용하도록 돕고, 말을 돌보기도 하고, 기사가 전투에서 다른 기사를 포로로 잡으면 그를 잡아 두기도 했어. 그러다가 자신의 무술 실력을 인정받으면 정식 기사로 임명을 받을 수 있었지.

새로 기사로 임명될 때는 '기사 서임식'이라는 의식을 치러야 해. 기사 후보생이 자신에게 기사 자격을 줄 기사 앞에 무릎을 꿇고 앉으면 기사가 칼로 후보생의 머리와 어깨를 가볍게 건드리는 의식이야. 이는 기사 수업을 마치는 졸업식이자 정식 기사로서 새로운 인생을 출발하는 의식이었어. 이때 후보생은 자신을 기사로 임명해 주는 사람이 세력이 큰 기사일수록 더욱 자랑스럽게 생각했어. 기사 서임식은 중세 후기로 갈수록 성대해져서, 나중에는 왕이 대성당에서 엄숙한 의식을 치르며 기사 자격을 주기도 했어.

기사들의 예법, 기사도

요즘 '기사'라는 말은 용감하고 여자를 존중하는 멋진 남자를 뜻하곤 하지. 힘이 약한 여자들을 위해 봉사하거나 여자들에게 예의를 잘 갖

추는 행동을 '기사도를 발휘한다.'라고 표현하기도 하고. 이 '기사도'
는 원래 중세 유럽의 기사들이 지켜야 하는 이상적인 예법을 가리키
는 말이야. 독일의 한 왕은 자기 조카의 기사 서임식 때 이렇게 말했어.

　너는 이제 기사가 되었으니 기사의 영광에 대해 생각해야 하느니라.
언제나 진정한 기사로서 행동해야 한다. 진실하고, 겸손하며, 너그럽
고, 충성을 다해야 하느니라. 가난한 자에게는 반듯하고, 여자들에게는
예의 바르게 행동해야 한다.

　하지만 중세의 기사들이 실제로 이렇게 예의 바르고 점잖았던 것
은 아니야. 사실 당시 기사들은 잘 조직된 폭력 집단이나 다름없었
어. 주종 관계를 통한 기사들의 조직이 원래 싸움을 목적으로 한 조
직인 데다, 책을 통한 교육은 받지 못한 채 단지 무술만을 익혔기 때
문에 기사들은 거칠고 사나운 칼잡이들이었어. 게다가 당시 사회에
는 통일된 법이 없었기 때문에 기사들은 자기 몫을 차지하기 위해서
라면 언제라도 다른 조직에 맞서 싸움을 벌였어. 이렇게 무장한 기
사들이 제멋대로 날뛰도록 내버려 둔다면 사회는 폭력적인 불법 천
지가 되고 말 거야. 그래서 기사도를 세워 기사들에게 일정한 예법
과 규칙을 따르도록 했던 거야.
　기사도가 생겨나는 데는 이들을 길들이는 데 앞장선 교회가 큰 영
향을 끼쳤어. 기사 집단의 무질서한 폭력을 잠재우고 사회를 안정시
키기 위한 방편이었지. 기사도는 싸움을 하더라도 규칙을 지키라고
가르쳤어. 등 뒤에서 공격하지 않기, 상대방이 미처 갑옷을 입기 전

에 공격하지 않기, 부상당한 기사를 다시 공격하지 않기, 포로는 잘 대해 주기 등이었어.

기사들이 이런 규칙을 스스로 알아서 지키고, 규칙을 지키지 않으면 창피한 것이라는 생각이 들도록 하려면 가치도 필요했어. 바로 '명예'였지. 기분 내키는 대로 싸우고 죽이는 짐승 같은 행동을 일삼는 젊은이들에게 자신의 힘을 정당하게 사용했을 때 명예를 얻게 된다고 가르치고, 그렇게 하지 않았을 때 부끄러움을 느끼도록 한 거야. 또 싸움을 할 때는 눈앞의 자기 이익을 위해 싸우는 것이 아니라 고귀한 목적을 위해 싸워야만 명예를 지킬 수 있는 것으로 여기도록 했어. 그래서 기사들에게 가난한 사람과 힘이 약한 여자를 보호한다는 임무가 주어졌지. 약자를 보호하는 용감한 기사가 이상적인 기사로 여겨졌던거야.

시간이 흐르면서 이러한 기사도가 지배 계급의 문화로 자리 잡았어. 사회가 안정되면서 실제로 전쟁을 벌일 일이 별로 없어지자, 여러 행사나 의식을 통해 기사들의 사회적 임무를 이상화시켜 표현하는 문화가 생겨났어. 기사들 사이에서는 마상 시합이 일종의 스포츠로 자리를 잡았어. 축제를 열어 말을 타고 창을 던지거나 방패를 쓰고 철퇴로 공격하는 등 여러 시합을 벌이며 서로 기량을 겨뤘어. 이때 출전하는 기사들은 귀부인 중 한 사람을 연인으로 정하고, 시합에 나가 싸우는 것이 그녀를 위한 일이라고 믿었어. 여자를 보호하는 용감한 기사라는 이상이 그들의 사내다운 열정을 자극해 시합을 좀 더 실감 나게 할 수 있었고, 귀부인에게 사랑을 바치는 연애 풍속으로 변해 간 거야.

중세 유럽의 농촌

중세 유럽으로 떠나는 여행

우리와는 매우 다른 방식으로 살았던 중세 유럽 사람들을 제일 잘 이해할 수 있는 방법은 당시 사람들이 사는 모습을 직접 보는 거겠지? 다른 지역이나 나라를 직접 여행해 보면 그곳 사람들의 삶을 잘 이해할 수 있는 것처럼 말이야. 하지만 우리가 과거 역사 속으로 사라진 중세 유럽으로 직접 가 볼 수는 없어. 그러니 유적이나 유물, 기록을 통해 그들의 생활 모습을 그려 보면서 중세 유럽인들의 삶을 이해해 보자.

전쟁의 혼란이 어느 정도 가라앉은 10세기 무렵, 유럽 대부분의 지역은 한적한 농촌이었어. 물론 왕이나 대귀족들이 사는 도시가 몇 군데 있긴 했지만, 유럽 인구 대부분은 50명 정도가 함께 사는 작은 농촌 마을인 장원에서 농사를 지으며 살았거든. 마을의 지배자는 영주였어. 영주는 왕이나 대귀족에게 봉토를 받은 기사를 그 땅의 주인이라는 의미로 부르는 말이야. 영주는 봉토를 받을 때 그 땅에 살면서 농사일을 할 농민들도 함께 받았다고 생각했어. 그러니까 영주에게 농민은 땅에 딸려 있는 재산과 같은 존재였지.

현재 남아 있는 기록 중에는 당시 농민들이 농사짓던 방식, 영주들이 농민들을 지배했던 방식 등 당시 유럽 농촌의 마을 공동체의 실상을 알게 해 주는 것이 있어. 11세기 말에 영국 땅을 정복해 왕위에 올랐던 윌리엄 왕은 반란을 막고 세금을 확실히 걷기 위해 자신이 정복한 땅에 있는 모든 재산을 조사하도록 시켰어. 당시 기록원이 "소 한 마리, 돼지 한 마리도 기록에서 빠질 수 없었다."라고 했을 정도로 철저한 조사였지. 왕이 이처럼 강력한 통제력을 발휘하는 것을 겪어 본 일이 없는 당시 사람들에게는 이 조사가 마치 신의 심판처럼 여겨졌는지, 당시 이 조사 기록을 '최후 심판일의 기록(Doomsday Book)'이라고 불렀다는구나.

〈**최후 심판일의 기록**〉 '최후 심판일의 기록'을 작성하는 장면을 상상하여 그린 19세기 작품.

농촌 마을 공동체의 특징

중세 농촌 마을의 모습이 우리 조상들이 농사를 지으며 살던 모습과 별로 다르지 않다고 생각할 수도 있어. 물론 근대 이전의 사회가 농사일을 중심으로 한 농촌 사회였다는 점은 유럽이나 우리나 마찬가지야. 하지만 봉건 제도의 틀 안에서 마을 공동체를 이룬 중세 유럽의 농촌 마을에는 나름의 큰 특징이 있었어.

마을 사람들은 자기 몫의 밭을 따로따로 가지고 있지 않았어. 마을의 농토는 이랑별로 주인이 달라 한 밭에도 여러 사람 몫의 이랑이 섞여 있었어. 영주 몫의 이랑과 농민의 이랑도 함께 섞여 있었지. 그러니 마을 사람들은 각자 따로 자기 밭에 농사를 지을 수가 없었고, 여러 사람의 이랑이 섞여 있는 밭을 함께 농사지어야만 했어. 어떤 씨를 언제 뿌릴 것인지, 언제 곡식을 거둘 것인지를 모두 함께 결정하고 함께 일해야 했지. 이렇게 마을 사람들은 사람이 사는 데 가장 기본이 되는 먹고사는 문제를 함께 해결했고, 공동체의 규칙도 함께 정해 지켰어. 유럽 농촌 마을은 하나의 운명 공동체였던 거야.

조상들의 경험을 담은 농사법과 마을의 규율이 대대로 전해져 내려왔고 쉽게 바뀌지 않았어. 그만큼 전통이 중시되는 사회였지. 이런 사회에서는 개인이 마을 전체의 결정이나 관습을 어기고 혼자 따로 살아갈 수가 없어. 가족 단위로 경제생활이 이루어지고, 개인이 자신의 삶과 관련된 모든 일을 결정하고 스스로 책임지는 현대 사회와는 매우 다른 공동체 사회였던 거야.

한편 농경지를 운영하는 독특한 제도도 있었어. 마을의 농경지는 크게 세 구획으로 나뉘었어. 하지만 해마다 세 구획 모두에 씨를 뿌리지는 않았어. 세 구획 가운데 하나의 구획에는 씨를 뿌리지 않고 놀렸다가 그 이듬해에 뿌렸지. 이런 식으로 농경지 세 구획에 번갈아 가며 곡식을 심었어. 좋은 비료가 흔치 않고 비료 주는 기술도 발달하지 않았던 시절에 썼던 방식으로, 땅을 쉬게 하여 땅이 힘을 회복할 수 있게 한 거지. 영양분을 빼앗긴 땅에 계속 농사를 지으면 알곡이 잘 여물지 않아 농사를 망칠 수 있거든. 이렇게 농경지를 세 구획으로 나누어 이용하는 것을 '삼포제'라고 하는데, 하나에는 가을에 밀을 심고, 다른 하나에는 봄에 씨를 뿌리고, 또 다른 하나는 놀리는 방식으로 운영했어. 그 다음 해에는 가을에 밀을 심었던 밭을 놀리고, 나머지 2개의 밭에 씨를 뿌렸지.

중세의 농촌 풍경 삼포제의 규칙에 따라 봄에 밭을 갈고 씨앗을 뿌리는 농노들의 모습이 담겼다.

영주의 안락한 생활을 책임지는 농노

앞에서 마을의 형태를 이룬 장원은 영주의 것이라고 했지? 장원에 살고 있는 농민은 영주가 봉토를 받을 때 땅에 딸려 온 노동력이었어. 그래서 농민은 절대로 장원을 떠날 수 없었어. 자기가 살던 마을을 떠나 이사를 하는 일은 물론이고, 다른 마을 사람과 마음대로 결혼을 할 수도 없었지. 몰래 마을에서 도망치는 농민도 있었지만, 대부분 붙잡혀서 다시 끌려왔어. 경우에 따라서는 목숨도 잃었지.

이렇게 이주의 자유 없이 영주에게 강제로 노동력을 제공해야 했던 중세의 농민을 '농노(serf)'라고 불러. 농노는 평생 묶인 몸으로 주인을 위해 일해야 한다는 점에서 노예와 같았어. 하지만 노예와는 다른 점도 있었지. 물건처럼 사고팔지 않았다는 점이야. 적어도 느닷없이 다른 마을로 팔려 가 가족과 헤어지는 일은 없었지. 그러니 노예보다는 좀 나은 지위였다고 할 수 있지만, 농노는 평생 농토를 떠날 수 없는 '땅에 묶인 신세'였어. 그래서 중세 유럽의 농민을 '뿔 없는 소'라고 비유적으로 부르기도 해. 이렇게 중세 유럽 사회는 영주가 농민의 자유를 구속하여 일을 시키는 신분제 사회였어. 신분이 낮은 농민들이 신분이 높은 영주를 위해 강제로 일해야 했던 거지.

장원의 농경지는 크게 두 종류의 땅으로 나뉘어 있었어. 추수한 곡식을 영주가 갖게 되는 영주 몫의 땅과 농민들의 생계를 해결해 줄 농민 몫의 땅이었지. 농민들이 영주의 땅에서 일하는 것을 '부역'이라고 하는데, 부역일의 수는 법으로 정해져 있었어. 지역에 따라 다르지만 농민들은 1주일에 3~4일, 심한 경우는 6일까지도 영주를 위해 일해야 했어.

그럼, 농민들은 영주를 위해 어떤 일을 했을까? 중세 유럽의 한 재판소 관리가 적어 놓은 내용을 보자.

농민들은 여름이 되면 영주의 양들을 목욕시키고, 털을 깎아야 한다. 농민들은 영주의 곡식이 자라는 밭에서 잡초를 뽑고, 영주의 가축에게 먹일 풀도 베어 말려야 한다. 1년에 4번씩 영주의 곡식을 시장에 내다 팔아야 한다. 해마다 부활절이 되면 자기가 기르는 암탉이 낳은 달걀 40개를 영주에게 바쳐야 한다.

이 밖에도 농민들은 마을의 다리를 놓거나 길을 내는 일도 해야 했어. 영주의 집을 짓거나 집안일을 돕는 것도 마을 사람들이 해야 하

중세의 농노와 귀족들 장원에서 밀을 수확하고 양털을 깎는 중세의 농노들(왼쪽)과 흥청망청 잔치를 하는 중세 귀족들의 모습(오른쪽)이 그려져 있다. 프랑스 베리 공작의 주문으로 1410년경에 제작된 기도서의 일부이다.

는 일이었지. 중세 유럽에서 사람들이 먹을 것과 입을 것을 만들고, 필요한 일을 도맡아 하는 것은 모두 농민들의 몫이었던 거야.

농민들의 삶은 가난하고 고달팠어. 새 곡식을 거두기 전에 식량이 떨어지는 경우가 흔하디 흔했지. 굶주린 농민들은 영주에게 곡식을 꾸어 먹을 수밖에 없었고, 갚을 때는 이자까지 쳐서 갚아야 했어. 그러고 나면 다음 해에는 식량이 더욱 모자랄 수밖에 없었지. 게다가 왕이나 높은 귀족들이 기사들을 거느리고 행차라도 하면, 그들을 먹이느라 마을의 식량은 금세 동이 나곤 했어.

영국의 왕 리처드 2세가 축제 때 주교와 왕자, 그리고 그를 따르는 무리와 함께 식사를 했던 기록이 남아 있어. 양 120마리, 황소 16마리, 돼지 152마리, 거위 210마리, 닭 900마리, 비둘기 1200마리, 백조 50마리, 달걀 1만 1000개, 우유와 크림 492리터. 이것이 그들이 먹어 치운 음식 목록이야. 이 많은 음식을 마련하느라 리처드 2세가 지배하는 여러 마을의 농민들은 한동안 굶주려야 했을 거야.

장원과 농민의 오두막

평생 마을을 떠날 수 없는 중세 유럽의 농민들에게 장원은 하나의 독립된 세계와도 같았어. 실제로 마을 외곽에는 울창한 숲이 둘러쳐져 있었지. 마을 밖으로 통하는 좁은 길이 있었지만 오가는 사람은 거의 없었어. 외부 세계의 소식은 마을에 거의 전해지지 않았고, 가끔 소문으로만 들려올 뿐이었어.

중세 유럽의 장원은 대개 비슷한 구조였어. 조금 높은 곳에 영주의 저택이 있었지. 하지만 대부분의 영주는 시골 마을에 머물지 않았어. 영주는 여러 개의 장원을 가지고 있어서, 어느 한 장원에 살지 않고 그 지방의 중심지인 도시의 큰 성에 살면서 가끔씩 자신의 영지를 챙기러 들르곤 했지. 영주의 저택에서 길을 따라 내려오면 농민들의 오두막이 모여 있었어. 그 아래쪽으로는 농경지가 있고, 개울을 끼고 방앗간이 하나 있는 식이었지. 방앗간 역시 영주의 소유였기에 농민들은 방앗간을 이용할 때마다 영주에게 삯을 내야 했어. 장원마다 교회가 하나씩 있었고, 교회에는 신부가 있었어. 농민들은 예배를 올리거나 기도를 할 때도 교회를 찾았지만, 결혼식이나 장례식처럼 기쁜 일이나 궂은일도 교회에서 치렀어.

당시 농민들이 살던 집을 직접 볼 수 있다면 그들의 생활을 좀 더 잘 알 수 있을 텐데, 중세 유럽의 농민이 살던 집은 지금 남아 있는 것이 없어. 하지만 고고학자들이 발굴해 낸 집터의 모습과 그 당시

중세 농부의 집 14세기 영국 농부의 집을 복원한 모습이다.

에 쓰인 글들을 참고해서 농민들의 오두막을 그려 볼 수는 있지.

농민들이 살던 집은 나무와 진흙, 짚으로 지은 오두막이었다고 해. 통나무로 기둥을 세우고 잔가지로 벽을 세운 다음 진흙으로 벽을 바르고 짚으로 지붕을 덮은 형태야. 이런 집은 쉽게 허물어 뜯어서 다른 자리에 다시 지을 수 있을 만큼 허술한 집이었어. 간혹 동화 속에서는 농민들의 오두막이 따뜻하고 정감 있게 묘사되기도 하지만, 실제로는 겨우 비와 눈, 한기를 피할 수 있는 헛간이나 다름없는 곳이었어. 한 방에서 온 식구와 기르는 동물까지도 함께 살아야 하는, 지금의 기준으로 보면 불편하고 비위생적인 곳이었지. 농민의 오두막에 대해 당시 한 시인이 써 놓은 기록을 보면, 그 모습을 좀 더 생생히 떠올릴 수 있어.

아주 작은 방 2개가 있는 오두막에서 아주머니가 두 딸과 함께 살았다. 다른 집과 마찬가지로 이 집에서도 가축이 사람과 함께 살았다. 암소 3마리와 양 1마리가 있었다. 집 안의 바닥은 그냥 흙바닥이었다. 닭들이 집 안팎을 이리저리 마음대로 돌아다녔다. 아주머니네 식구들은 짚 더미 위에서 암소, 돼지와 함께 잠을 잤다.

그래도 이 집에는 방이 2개 있어서 좀 나은 편이었어. 다른 집은 할머니, 할아버지와 아버지, 어머니, 그리고 자식들이 한 방에서 지내야 하는 경우도 있었으니까. 당시 농민들은 난방도 제대로 할 수 없었던 것 같아. 방 한가운데에 난로가 있었지만 굴뚝이 없었거든. 아마 음식을 만들기 위해 불을 땔 때도 온 집 안에 검댕이 날렸을 거야.

🐗 🐺 중세 유럽의 성

유럽을 여행하는 사람들은 유럽 곳곳에 남아 있는 아름다운 성들을 보면서 감탄을 하곤 해. 반짝이는 황금빛 성도 있고, 회색 벽돌을 탄탄하게 쌓아 올려 바닷가에 세운 성도 있지. 그런가 하면 드라큘라 백작이 살았다는 어두컴컴하고 무서운 성도 있고. 이런 성들은 대부분 중세에 지어진 것들이야. 중세 유럽 사람들은 왜 그렇게 많은 성을 쌓았을까?

성의 모습은 정말 굉장하다. 사람들은 이 성이 어떤 공격도 막아 낼 수 있다고 말한다. 성안에 있는 사람들은 적의 공격을 전혀 두려워하지 않는다. 성이 있는 언덕 주위에는 아름다운 나무들이 빙 둘러 심어져 있다. 무화과나무, 석류나무, 올리브나무, 또 다른 나무들이.

할렉 성 영국의 왕 에드워드 1세가 웨일스 지방을 정복하고 1282~1289년에 쌓은 성이다.

이 글은 중세 독일에 살았던 시인이 쓴 글이야. 이 글을 보면 중세 사람들이 적의 공격을 막아 내기 위해 성을 세웠던 것을 알 수 있어. 언덕 위에 탄탄하게 세워진 성은 병사들이 망루에서 적을 살피고, 적의 공격을 막아 내던 요새였던 거지.

하지만 중세의 성은 요새의 역할만 한 것이 아니야. 성의 주인인 왕이나 귀족이 살던 집이기도 했지. 그러니 성에는 성주와 그의 가족, 하인, 성주가 거느리고 있는 많은 기사, 그리고 말과 개도 살았어.

성안에는 굉장히 큰 방이 하나 있었는데, 성에 살고 있는 사람들은 대부분의 시간을 이곳에서 보냈어. 음식도 이곳에서 먹고, 쉴 때도 이곳에서 쉬었지. 물론 잠도 이곳에서 잤어. 추우니까 저마다 망토를 뒤집어쓰고 불 가까이에 모여서 잤대.

하지만 성주와 그의 가족은 달랐어. 그들은 다른 방에서 잠을 잤고,

케어필리 성

케어필리 성의 방 적의 공격을 막기 위해 성 주변에 만든 수로와 성안 사람들이 주로 생활하던 큰 방(그레이트 홀)의 모습. 영국 웨일스의 귀족이 1268~1271년에 쌓은 성이다.

식사를 할 때도 특별한 대접을 받았지. 성 사람들은 커다란 식탁을 펴고 모두 함께 식사를 했는데, 성주와 가족들이 앉는 자리는 다른 사람들의 자리와 달리 나무로 만든 약간 높은 단 위에 마련되었어. 또 다른 사람들은 모두 나무로 만든 긴 의자에 함께 앉았지만 성주는 자신만을 위해 마련된 의자에 혼자 앉았어. 이런 것들은 모두 성주가 특별한 사람임을 나타내는 표시였지.

성주는 그 지방을 다스리는 왕이나 귀족이었기 때문에 성이 있는 곳은 그 지방의 중심지가 되었어. 그들은 저마다 더 크고 멋진 성을 쌓아 자신이 얼마나 힘이 센지를 드러내고 싶어 했지.

🐂 🐕 파링턴 마을의 사계절

'최후 심판일의 기록'을 바탕으로, 영국의 한 마을의 모습을 그려 보자.

1086년경 영국의 파링턴 마을에는 27가구가 모여 살고 있었어. 마을 사람들은 밭을 갈 때 쓰는 쟁기를 가장 중요하게 여겼단다. 이 마을에는 쟁기가 15개 있었어. 마을에는 방앗간이 하나 있었고, 낚시터도 한 군데 있었지. 마을 주변에는 소가 풀을 뜯을 수 있는 풀밭이 넓게 펼쳐져 있고, 풀밭의 끝은 나무가 우거진 숲으로 이어졌어.

파링턴 마을 사람들은 가을이 되면 쟁기로 밭을 갈고 밀을 심었어. 그래야 내년 여름이 지나 밀을 거두어들일 수 있거든. 마을 사람들은 농사일을 할 때 모두 힘을 모아 함께 일했어. 황소도 한몫을 톡톡히 했지. 농사일에서 가장 힘든 쟁기 끄는 일을 황소가 했으니까. 밭을 갈고 씨를 뿌리는 데는 몇 주일이나 걸렸어. 당시에는 씨앗을 일일이 손으로 뿌려야 했거든.

그러나 씨뿌리기가 끝나도 마을 사람들은 아직 할 일이 많았어. 크리스마스가 되기 전에 겨울 동안 쓸 땔나무를 마련해야 하고, 얼음이 얼기 전에 도랑도 말끔히 쳐 놓아야 했거든. 또 날씨가 추워지기 전에 가축도 잡아야 했어. 겨울이 되면 가축에게 먹일 것이 없는 데다, 한겨울에 가축을 바깥에 놓아 두면 얼어 죽고 말 테니까. 사람들은 집 안에 들여놓고 먹일 수 있는 가축만 남기고 나머지는 모두 가을이 가기 전에 잡았어. 잡은 고기는 겨우내 두고 먹어야 하니 소금에 잘 절여 두었지.

중세 시대 농민이 쟁기로 밭을 가는 모습

겨울 동안에는 양식을 아껴서 먹어야 했어. 그래야 봄이 될 때까지 굶지 않고 버틸 수 있거든. 추운 겨울은 이들에게 무척 지루한 계절이었을 거야.

따뜻한 봄볕이 내리쬐기 시작하면 농부들은 다시 농사일로 바빠졌어. 지난 가을에 밀을 심지 않은 밭에도 씨를 뿌려야 했거든. 봄에는 콩도 심고, 보리도 심고, 귀리도 심었어. 풀이 돋기 시작하면 집 안에 갇혀 있던 양과 소 들을 다시 풀밭에 풀어 놓았지. 소 치는 아이들과 양치기 목동들이 소와 양 들을 돌보았단다.

마을 사람들은 여름 해가 잘 나는 날이면 열심히 풀을 베어 말렸어. 이렇게 말린 풀은 궂은 날이나 겨울에 가축에게 먹일 양식이 되어 주었지. 또 사람들은 틈틈이 양털도 깎아 주어야 했어. 8월이 오면 들판에는 곡식들이 누렇게 익어 갔어. 그러면 마을 사람들은 모두 함께 추수를 했지. 긴 낫으로 베어 낸 곡식들을 단으로 묶어 창고에 쌓았어.

당시에는 유럽 어느 지역이나 마을의 모습이 이 파링턴과 아주 비슷했어. 농사를 짓는 사람들은 계절에 따라 생활했고, 생활 방식은 여러 해가 흘러도 변하지 않았지.

중세 농촌의 일상을 담은 달력의 일부 농부들이 밭을 갈고 수확하고 포도즙을 짜고 도토리를 따는 장면이 나와 있다.

상인들이 세운
중세 유럽의 도시

자유로운 도시가 생겨나다

중세 유럽의 농민들은 간단한 농기구와 생활용품을 마을 안에서 구했어. 마을 밖에서 물건을 사거나 파는 일은 거의 없었지. 농사를 지어도 먹고 남는 것이 없으니 밖에 내다 팔 곡식이 없었던 거야. 이렇듯 중세 유럽은 자급자족하는 가난한 농촌 세계였어. 하지만 시간이 지날수록 농사짓는 기술이 발달하고 곡식 생산량도 늘면서 변화가 생기기 시작했어. 농사짓는 일 말고 다른 일을 할 수 있는 사람들이 생겨나고, 다른 지방의 물건을 살 수 있을 만큼 여유를 가진 귀족도 점차 많아졌지. 농민들도 적은 양이지만 자신의 텃밭에서 기른 곡식이나 채소를 내다 팔기 시작했어.

사람들 사이에 물건을 사고파는 일이 늘어나면서 다른 지방에서 물건을 들여오는 상인도 많아지고, 상인들이 모이기 쉬운 길목에는 시장이 들어섰어. 시장 주변에는 물건을 만드는 수공업자들이 하나둘 모여들어 살았지. 이렇게 해서 12세기 무렵에는 유럽 여러 지역에서 마치 농촌이라는 거대한 바다 위에 떠 있는 작은 섬 같은 도시들이 생겨났어.

도시는 중세 유럽에서 가장 활기차고 자유로운 공간이었어. 처음 시장이 서고 도시가 생겨날 때는 상인들이 그 지방을 지배하는 왕이나 귀족의 허락을 받고 그들의 보호를 받아야 했어. 하지만 왕이나 귀족의 간섭에서 벗어나 자유롭게 장사하고 싶었던 상인들은 돈을 갖다 바치거나 싸워서라도 도시의 독립을 얻어 냈지. 이후 도시는 왕이나 귀족이 지배하는 농촌과는 달리 자유로운 정신이 지배하는 곳이 되었단다.

도시의 출발은 항구에서

중세 유럽에서 가장 먼저 유럽 밖의 세계를 왕래하며 무역을 한 사람들은 이탈리아 상인이었어. 이탈리아는 아시아와 이집트로 통하는 바닷길인 지중해를 끼고 있었기 때문이야. 로마 시대부터 배를 만들어 온 이탈리아 사람들은 바닷길을 이용해 사라센인(당시 중동 지방의 이슬람 교도들)과 무역을 시작했어. 바닷길을 통해 상인과 여행자들이 오가고 다양한 물건이 거래되면서, 배가 드나드는 항구는 점점 더 활기를 띠어 갔어. 이렇게 해서 이탈리아 바닷가에 베네치아나 제노아 같은 중세 도시들이 발달하기 시작했단다.

베네치아의 배들은 지금의 네덜란드 지방인 플랑드르나 독일, 영

제노아 기록화 1493년 목판 인쇄로 발간된 연대기에 나와 있는 제노아의 풍경. 제노아는 이탈리아 북부 지중해 연안의 도시 국가로, 11세기부터 동방과 무역을 해 왔다.

국의 항구를 오가며 장사를 했어. 그러자 유럽 북쪽의 바닷가에도 도시들이 성장하기 시작했지. 북부 독일의 함부르크나 영국의 런던 같은 도시는 이 무렵에 발달했던 항구 도시야. 중세 도시의 발달은 유럽의 남쪽과 북쪽을 잇는 뱃길 양 끝에서 시작되었던 거야.

이탈리아 상인들은 유럽에서 나지 않는 물건들을 이집트나 아시아에서 실어 왔어. 설탕, 쌀, 오렌지, 레몬 같은 식품들, 후추나 계피 같은 향료, 면이나 비단 같은 옷감들이었지. 이런 물건들을 가득 실은 배가 북유럽의 여러 도시를 돌며 그곳의 귀족과 상인들을 상대로 장사를 했어. 그들이 멀리서 들여온 물건들은 비싼 값에 팔렸어. 특히 후추와 향료는 고기의 냄새를 없애 주고, 별 양념도 없이 늘 같은 음식을 먹던 유럽 사람들에게 새로운 맛을 느끼게 해 주어 인기가 높았단다. 상인들은 도시를 돌며 물건을 파는 동안 양털과 모직물, 주석, 납, 치즈, 가죽 등 다른 물건들을 사들였어. 다른 지역에 가져가서 팔 것들이었지.

항구는 물건뿐 아니라 많은 사람이 드나드는 곳이기도 했어. 시간이 지날수록 점점 더 많은 여행자가 배를 타기 위해 항구로 모여들었지. 성인을 모셔 둔 성당에 소원을 빌러 가는 순례자, 외국의 대학에 공부하러 가는 학자, 왕의 명령을 받고 외국에 나가는 사신, 교황의 편지를 전하러 가는 성직자나 외국에서 열리는 회의에 참석하기 위해 가는 수도승 등 다양한 사람이 항구를 찾았어. 이렇게 해서 유럽에서 가장 먼저 활발한 상업 활동을 벌였던 이탈리아의 도시들과 북유럽의 항구 도시들은 국제적인 대도시로 성장했단다.

향료 무역 후추와 계피, 생강, 강황 등 각종 향료의 모습. 11~15세기 이탈리아 도시 상인들은 동방과의 향료 무역을 독점하여 엄청난 이익을 챙겼다.

내륙으로 퍼져 나간 도시

12세기에 들어서자 유럽 내륙 지방에도 크고 작은 도시가 생겨났어. 사회가 안정되고 농업 생산량이 늘어남에 따라 이제 농민들에게도 남는 곡식을 다른 물건으로 바꾸어 쓸 수 있는 여유가 생겼단다. 각 지방마다 특색 있는 물건을 만드는 수공업자가 생기고, 이런 물건을 다른 지방으로 팔러 다니는 상인도 나왔지. 여유가 생겨 물건을 사고 싶어 하는 사람이 늘어날수록 물건을 팔러 다니는 상인들의 발걸음도 바빠졌어. 특히 왕이나 귀족들은 좋은 옷이나 다른 지방의 진기한 물건을 사기 위해 상인들을 기다렸어. 그들은 상인에게 보석이 박힌 이탈리아의 검을 주문하기도 하고, 부인의 머리 장식에 쓸 비단을 주문하기도 했다는구나.

하지만 중세의 육지 여행은 아주 힘들었단다. 탈것이라곤 말밖에 없었던 데다가 마차가 다니는 길조차 제대로 나 있지 않았기 때문이야. 중세의 상인들은 옛날 로마 사람들이 만들어 놓았던 길을 찾아내 그 길을 따라 이동하곤 했어. 오랫동안 쓰지 않고 버려졌던 로마의 길들은 진흙으로 덮여 있어서 수레바퀴가 쑥쑥 빠질 정도였고, 군데군데 구덩이까지 파여 있었지. 그러니 말이 길바닥에 나 있는 틈새에 발이 끼어 비틀거리거나 진흙 수렁에 빠져 허우적거리는 일도 많았어. 상인들이 겪어야 했던 어려움은 여기서 그치지 않았어. 길을 떠나는 상인들이 가장 두려워했던 것은 외진 숲길에서 느닷없이 나타나는 산적이었어. 많은 상인이 산적의 습격을 받아 돈과 물건을 모두 빼앗기고, 목숨까지 잃기도 했거든.

하지만 이런 어려움을 딛고 장사에 성공하면 큰 이익을 얻을 수 있었기 때문에 상인들은 모험을 꺼리지 않았어. 영국산 양털이며 플랑드르에서 만들어진 모직물, 프랑스산 포도주, 에스파냐 가죽, 독일의 은잔이나 금장식 등이 상인들의 마차에 실려 다른 지방으로 팔려 나갔어.

　각 지방으로 통하는 길이 만나는 곳에서는 여러 지방의 상인이 만나 서로 물건을 사고팔기도 했어. 상인들의 발길이 자주 닿는 길목에서 자연스럽게 시장이 발달했던 거야. 시장이 커지자, 그 주변으로 여러 가지 물건을 만드는 수공업자들도 모여들었어. 말안장과 고

포도주 통을 만드는 사람

구두를 만드는 사람

옷감을 염색하는 사람

마구를 만드는 사람

수레바퀴를 만드는 사람

금을 세공하는 사람

중세의 장인들

삐를 만드는 사람, 금이나 은을 녹여 잔과 쟁반을 만드는 사람, 포도주 통을 만드는 사람, 수레바퀴를 만드는 사람, 또 옷감을 염색하는 사람과 구두를 만드는 사람까지 시장 주변에 작업장을 마련하고 자리를 잡았지. 시장이 가까우면 물건을 만들 재료를 구하기가 쉽고, 만든 물건을 팔기도 쉬웠으니까.

이렇게 시장이 서고 수공업자의 집들이 빽빽하게 들어서면서 내륙에도 도시가 하나둘 생겨났어. 이런 도시에서는 5일이나 7일, 9일에 한 번씩 장이 섰어. 또 그와는 별개로 1년에 한 번씩 대규모 장이 서는 곳도 있었지. 중세 도시는 이렇게 상인들의 발길이 이어지고 시장이 서는 곳에서 발달했어. 그래서 한 역사가는 "중세 도시는 상인들의 발자국 위에서 발전했다."라고 말하기도 했단다.

도시의 자치가 시작되다

장이 서면 상인들만 이익을 보는 것이 아니란다. 시장은 그 지역을 다스리는 왕이나 귀족에게도 큰 이익을 안겨 주었지. 시장에 물건을 팔러 오는 상인들은 가져오는 물건의 종류와 양에 따라 그 지역을 다스리는 왕이나 귀족에게 세금을 내야 했거든. 또 시장에서 장사할 터를 잡을 때도 돈을 내야 했고.

왕이나 귀족들은 다른 지방의 상인이 자기 땅에 들어오지 못하게 막을 수 있었고, 물건을 부릴 장터를 내주지 않을 수도 있었어. 그러니 상인들은 목이 좋은 지역을 다스리는 왕이나 귀족에게 장을 벌일 수 있도록 허락해 달라고 부탁을 해야만 했지. 왕이나 귀족들은 시장을 열 수 있도록 해 주는 대가로 상인들에게 돈을 받고 허가장을 내주었어. 허가장에는 시장이 열리는 날이며 상인들이 지켜야 할 규칙 등 여러 조건을 적어 두었지. 자신의 영지에 대한 통제권을 잃지 않으려는 것이었어.

그런데 시장이 자리를 잡을수록 상인들의 세력도 커져 갔어. 그들은 귀족들의 간섭에서 벗어나 자유롭게 장사하기를 원했지. 여러 도시에서 상인들이 힘을 모아 귀족의 지배에서 벗어나려고 저항했어. 상인과 귀족 사이에 갈등이 생겼고, 상인들은 회의 기구를 만들어 함께 대책을 의논했지. 그들은 많은 돈을 모아 귀족에게 주면서 시장이 있는 지역을 자기들에게 내달라고 회유하기도 했고, 위협을 하기도 했어. 그 결과, 많은 도시가 귀족의 지배에서 벗어나기 시작했

중세 도시의 풍경 자유로운 분위기가 느껴지는 시장의 모습이다.

단다. 왕이나 귀족이 많은 이익을 남기는 시장 지역을 끝까지 포기하지 않을 때도 있었지만, 이런 경우에 상인들은 돈으로 군대를 사서 그들의 군대와 맞서 싸우기도 했어. 이렇게 해서 도시는 점차 귀족의 손아귀에서 벗어나 상인들이 다스리는 지역이 되어 갔어. 이탈리아 북부의 큰 도시들은 왕이나 귀족의 세력을 완전히 몰아내고 마치 독립된 도시 국가처럼 발전했단다.

자치를 얻어 낸 도시에는 왕이나 귀족의 지배를 받는 농촌과는 달리 자유로운 분위기가 흘러넘쳤어. 농촌 주민들은 대부분 귀족 지배 아래서 땅에 묶여 강제로 농사일을 해야 하는 낮은 신분이었지만, 도시의 시민들은 그런 신분적 지배를 받지 않는 자유민이었어. 도시에는 중세 사회를 지배하던 '신분에 따른 강제'가 없었던 거야. 물론 도시에도 법이 있었어. 도시의 살림을 맡은 부자 상인들이 시 의회를 구성해 질서를 유지하기 위한 법을 만들었지. 하지만 도시의 질서는 귀족과 농노의 관계처럼 신분에 따른 예속 관계에 의해 지탱되는 것은 아니었단다.

한편 도시는 농촌의 농노들에게도 자유민이 될 수 있는 길을 열어 주었어. 농노가 귀족의 손아귀에서 벗어날 수 있는 단 한 가지 길은 도시로 도망가는 것이었지. 도시에서는 귀족들이 자기 뜻대로 사람을 잡아들일 수가 없었거든. 도시는 자치권을 가지고 있었기 때문에 도시에서는 누구나 도시의 법을 따라야 했지. 죄인이나 농노라도 도시에서 '1년하고 하루'를 숨어 살면 영원히 자유의 몸이 될 수 있었어.

실제로 많은 농민이 장원을 떠나 도시로 도망쳤어. 영주에게 진 많은 빚을 갚지 못한 사람, 영주의 부엌에서 달걀 몇 개를 훔치다 들

킨 사람, 일요일 예배에는 참석을 하지 않은 채 교회 뒤뜰에서 카드
놀이를 하다 걸린 사람들이 도시로 도망쳤고, 영주가 허락하지 않는
결혼을 하기 위해 아가씨를 데리고 도망친 청년도 있었어. 이런 사
람들은 도시에 숨어 살며 기술을 배워서 어엿한 수공업자로 변신했
어. 도시는 농촌에서 흘러드는 농민들을 기꺼이 새 식구로 받아들였
던 거야.

도시 생활의 중심, 길드

중세 도시의 거리에는 수공업자인 '장인'들의 가게가 늘어서 있었어.
가게는 사실 이들의 작업장이었어. 장인들은 이곳에서 금이나 은을
두드려 잔을 만들거나 가죽을 잘라 말안장을 꿰맸어. 당시의 가게에
는 오늘날과 달리 진열된 물건이 거의 없었어. 중세의 장인들은 요즘
처럼 물건을 많이 만들어 놓고 팔지 않고, 미리 주문을 받은 뒤에 물건
을 만들었거든. 당시에는 물건을 살 수 있는 여유 있는 사람이 그리 많
지 않았고, 물건을 만들 재료도 넉넉하지 않았기 때문이야. 게다가 물

〈중세의 길드〉 네덜란드의 포목상 길드
임원들의 모습. 1662년에 네덜란드 화가
렘브란트가 그린 단체 초상화이다.

유리 장인 길드 유리 제품을 만드는 수공업자 길드. 오른쪽에는 생산된 제품의 품질을 검사하는 모습이 표현되어 있다.

건을 만들 때 기계를 전혀 사용하지 않고 장인이 일일이 손으로 만들 었기 때문에 한꺼번에 많이 만들 수도 없었지.

거리에는 같은 종류의 물건을 만들어 파는 가게들이 한데 모여 있 었어. 어떤 거리에는 양가죽이나 쇠가죽을 손질하는 가게가 모여 있 었고, 모퉁이를 돌아서면 갑옷과 투구를 만드는 작업장들이 있었어. 그래서 지금도 역사가 깊은 유럽의 도시에는 '실버스미스 스트리트 (은세공장 거리)' 또는 '레더 스트리트(가죽 거리)' 같은 이름의 거리들이 남아 있어.

이렇게 한곳에 모여 같은 일을 하는 장인이나 같은 종류의 물건을 파는 상인들은 서로를 경쟁자로 여기기보다 동업자로서 힘을 합쳐 야 한다는 생각을 더 강하게 갖고 있었어. 그들은 이런 협동심을 바 탕으로 자신들의 이익을 보호하고 서로 돕기 위해 모임을 만들었어.

모임에 참여한 회원들은 회원 자격을 정하고, 지켜야 할 규칙도 정했지. 모임을 갖고 회비도 걷어서 1년에 몇 차례 축제를 열었어. 이 축제는 함께 친목도 다지고, 장사의 성공을 비는 의식을 치르기 위한 것이었어. 회비로 병들거나 늙어서 일을 못하게 된 회원이나 집안에 어려운 일이 생긴 회원을 돕기도 했단다. 이렇게 같은 직업을 가진 사람들이 모여 만든 모임을 '길드'라고 해. 길드에는 '상인 길드'와 '수공업자 길드'가 있었는데, 수공업자 길드는 다시 '목수 길드', '대장장이 길드', '구두장이 길드' 하는 식으로 직종에 따라 나뉘었지.

상인 길드의 가장 중요한 역할은 다른 지역 상인이 함부로 자기네 도시에 들어와 장사를 하지 못하도록 막는 것이었어. 다른 경쟁자들이 들어오면 자신들의 이익이 줄어들 테니까. 상인 길드는 도시의 이익을 관리하고 살림을 꾸려 나가는 일도 했어. 시장이 열릴 때면 이들은 다른 지방에서 오는 상인들에게 통행세와 자릿세를 받았지. 왕이나 귀족에게서 도시의 자치를 얻어 낼 때 주도적인 역할을 한 것도 바로 이들이었어.

수공업자 길드에서도 도시에 같은 업종의 작업장이 마구 생기는 것을 막기 위해 작업장을 열 수 있는 자격을 제한했어. 경쟁이 치열해져 자신들의 이익이 줄어드는 일이 없도록 하는 동시에, 기술이 뛰어난 사람에게만 작업장을 열 수 있는 자격을 주어 생산되는 물품의 품질을 관리한 거야. 길드에 속한 회원들은 전통적으로 내려오는 자기들만의 디자인과 비법으로 물건을 만들었고, 새로 기술을 배우는 사람들에게 이런 방식을 가르쳤어. 길드에서는 도시 작업장에서 일하는 사람들을 기술 수준에 따라 장인, 직공, 도제의 3등급으로 나

장인과 도제 빵을 굽고 있는 중세 시대 제빵사와 그의 도제.

누고, 길드에서 인정하는 장인에게만 그 도시에서 작업장을 열고 장
사를 할 수 있게 허락했어. 직공과 도제는 장인에게서 길드가 요구
하는 기술을 익히는 사람들이었어.

　그럼, 중세의 수공업자들은 어떻게 기술을 익혔을까? 장인들은 대
부분 자신의 집 1층에 있는 작업장에서 도제와 직공을 데리고 일했
어. 도제는 장인의 집에서 먹고 자면서 일을 배우는 아이를 말해. 아
버지가 기술을 가르쳐 달라며 돈을 좀 주고 맡긴 경우가 대부분이었
지. 도제 생활은 어린아이에게는 무척 혹독한 것이었어. 온갖 잔심
부름을 도맡아 해야 하고, 한겨울에도 제일 먼저 일어나 불을 피우
고 작업 준비를 해 놓아야 했지. 주인이 가족들이 있는 2층으로 올
라간 뒤에 작업장을 청소하는 것도 도제의 몫이었지. 이렇게 잡일을
많이 하면서도 잘못하면 매를 맞기도 했고, 먹을 것을 충분히 얻어

먹지 못하는 경우도 많았어. 물론 돈은 한 푼도 받지 못했고, 잠은 작업장 바닥에서 자야 했지.

이런 도제 생활을 짧으면 3년, 길게는 7~8년 정도 하면서 필요한 기술을 어느 정도 익히고 나면 직공이 될 수 있어. 직공이 된 뒤에는 일당을 받고 일을 했고, 이 작업장 저 작업장에 고용되어 일하면서 경험을 쌓았지. 하지만 직공이 장인이 되고 도시에서 자신의 작업장을 열려면, 길드의 까다로운 심사를 통과해야 했어. 길드의 장인들로 구성된 심사위원들은 직공의 기술을 평가하기 위해 직접 만든 물품 하나를 내도록 했어. 그러면 직공들은 온 정성을 기울이고 자신이 가진 모든 기술을 쏟아부어 작품을 만들었지. 이런 작품들은 당대 최고의 품질을 가지고 있었어. 그래서 직공이 장인이 되기 위해 제출했던 작품을 가리키는 말인 영어의 '마스터피스(masterpiece)'는 지금까지도 최고의 걸작품을 일컫는 말로 통하고 있어. 박물관에서 볼 수 있는 중세의 세련된 금잔이나 정교한 무늬가 새겨진 가죽 상자 같은 것들이 바로 이런 작품들이지.

이렇게 실력을 인정받아 새로 장인이 되면, 혹시 그들은 자신만의 독창적인 작품을 만들어 남보다 싸게 팔아서 많은 손님을 확보하려 들지 않았을까? 하지만 그런 일은 결코 일어나지 않았어. 길드에서는 물건의 재료, 디자인, 가격, 사용하는 기술과 품질 등을 엄격하게 감독했고, 길드 회원들끼리는 절대로 경쟁을 해서는 안 된다는 규칙도 정해 놓았거든. 길드의 회원이 된다는 것은 바로 길드가 요구하는 전통적인 방식에 따라 다른 회원들과 협동하여 제품을 만들겠다는 뜻이었어.

    길드가 이렇게 물건의 질과 만드는 방식을 까다롭게 통제한 이유
는 그렇게 해야 도시 전체의 이익이 보장되기 때문이었어. 장인들은
모든 물건을 일일이 손으로 만들어야 했기 때문에 물건 하나를 만드
는 데도 많은 공정과 시간이 필요했어. 하나의 물건이 완성되는 데
도 여러 작업장에서 일하는 다른 장인의 손을 거쳐야 했던 거야. 예
를 들면 말안장을 하나 만들려고 해도 가죽을 손질하는 작업장, 염
색하는 작업장, 안장을 재단해서 꿰매는 작업장의 장인들이 협동을
해야 했지. 이 가운데 한 작업장이라도 작업이 좋지 않으면 완성된
제품의 질이 떨어질 수밖에 없잖아. 그러니 도시 안의 수공업자들끼
리 서로 협동할 수밖에 없었지.
    장인의 고객인 왕이나 귀족들은 어느 수공업자 한 명의 솜씨를 보고
물건을 주문하는 것이 아니라, 그 도시의 전통과 생산품의 품질을 믿
고 일을 맡겼어. 그래서 길드에서는 회원들이 질 나쁜 물건을 만들거
나 물건을 속여 팔지 않도록 관리하고 감독했어. 오래전부터 물건을

런던의 길드 회관 길드 회관은 회원 사무실이나 회의 장소로 쓰였다.

만들 때 사용해 온 비법을 회원들에게만 가르쳐 주고, 물건의 질이나 양을 속여 판 사람에게는 제재를 가하거나 아예 회원 자격을 빼앗기도 했지. 속임수를 쓴 사람에게는 여럿이 보는 앞에서 창피를 주는 벌을 내리고 벌금도 물렸어. 이런 일을 처리하는 곳은 도시마다 있는 '길드 회관'이었어. 길드 회관에서는 자주 회의가 열려서 장사에 관계되는 일은 물론, 회원들이 일상생활에서 지켜야 하는 규율도 정해졌지.

이렇게 길드는 중세 도시인들의 생활의 중심이었고, 누구도 길드를 떠나서 혼자 살아갈 수 없었어. 농촌보다 훨씬 자유롭기는 했지만 중세의 도시에서도 개인의 창의성보다는 규율을 지키고 전통을 따르는 것이 더욱 중요했단다.

🏰 중세 도시의 시장 구경

곡식이나 야채를 팔려고 도시에 온 농촌 사람들은 농촌과는 너무나 다른 도시의 모습을 보고 눈이 휘둥그레지곤 했어. 많은 사람들로 붐비는 도시는 매우 좁고 복잡했지. 집들이 빼곡하게 들어차 있어 길은 매우 좁고 가팔랐어. 길에는 대개 작은 자갈을 깔아 놓았는데, 마차나 수레가 지나갈 때마다 요란하게 찌그럭대는 소리가 울려 퍼졌단다. 큰 도시에서는 말이나 마차가 사람들이 붐비는 길을 내리 달리는 바람에 교통사고도 심심치 않게 일어났지. 그래서 도시의 사람들은 수레의 속도를 제한하는 법을 만들기도 했어.

도시의 장터는 장이 서기 전날부터 분주한 모습이었어. 물건을 가득 싣고 온 상인들은 밤새 물건을 쌓아 둘 천막을 치고 진열대를 만들었지. 진열대라고 해 봐야 나무판자에 엉성하게 다리를 붙인 것이 고작이었지만, 장터 가운데 수십 개의 진열대가 마련되면 도시의 모습은 금세 달라지곤 했어.

날이 밝았다는 종이 울리고 새벽 걸음을 재촉한 농부가 소를 끌고 장터로 들어설 무렵이면 도시의 관리가 억센 목소리로 장이 열렸다고 소리치고 다녔어. 그러나 그 목소리는 이내 물건을 사고파는 시끌벅적한 소리에 묻혀 버리고 말지.

"자, 어서 오세요, 어서 와! 쌉니다, 싸요."

손님을 끄는 봇짐장수며 고기를 파는 푸줏간 주인, 멀리 외국에서 온 포도주를 파는 술집 여주인, 고기 파이를 구워 파는 장수들이 앞다투어 목소리를 높이고 있어.

한쪽에서는 허름한 작업복에 챙 달린 모자를 쓴 농부들이 재주꾼들의 묘기를 보느라 넋이 나가 있어. 재주꾼들은 뾰족한 칼끝에 올라서서 날개 펼친 학처럼 균형을 잡거나 길들인 동물과 함께 춤을 추기도 해.

부자 상인들은 한눈에 보아도 차림새가 달라. 모피 장식이 달린 값비싼 옷을 입고 있거든. 그들은 포도주 통이 잔뜩 쌓인 천막 앞에서 가죽

〈중세 시장〉 16세기 독일 역사 화가의 그림.

과 포도주를 거래하고 있어. 한 상인이 가죽이 담긴 궤짝을 열어 뒤적거리며 지난번처럼 나쁜 가죽이 섞여 있지 않나 살펴보는 중이야.

예쁜 처녀만 보면 윙크를 하면서 장터를 누비고 있는 젊은 녀석들은 이 도시 작업장에서 일을 배우고 있는 도제들이야. 살 물건은 없어도 하루 종일 어깨를 으쓱거리며 시장 바닥을 돌아다니는 그들에게 장날은 명절만큼이나 즐거운 날이지.

벌써 한잔하고 취해서 큰 소리로 노래를 부르는 사람들도 있어. 빨갛고 하얀 무늬가 있는 옷을 똑같이 입고 있는 그들은 마구 제작소의 직공들이야. 중세 도시의 직공들은 자신이 일하고 있는 제작소를 나타내는 알록달록한 옷을 똑같이 맞춰 입었기 때문에 옷만 보고도 무슨 일을 하는 사람인지 쉽게 알 수 있었어. 요즘 말로 하면 유니폼을 입었던 셈이지.

시장에는 근처 성에서 온 기사도 있어. 쇠로 만든 이탈리아제 검이 탐나는지 한참 동안이나 무기 가게 앞을 떠나지 못하고 있네. 그동안 최신 유행의 머리 모양을 하고 있는 그의 부인은 시리아에서 들여온 향료를 사고 있어.

한편 시장에 나온 사람들이 풍성한 물건들과 볼거리에 끌려 축제 분위기에 젖어들 무렵, 유독 눈동자에 힘을 준 채 바빠지는 사람들이 있어. 작은 칼을 숨긴 채 사람들이 허리춤에 차고 있는 지갑을 노리는 도둑들이지.

시장 한 귀퉁이에는 무척 많은 사람이 모여 있어. 그들이 구경하고 있는 것은 멀리 요단강에서 왔다는 '신비의 물'이야. 한 남자가 작은 병하나를 치켜들고는 '무슨 병이든 다 낫게 할 수 있고, 방금 죽은 사람도 다시 살아나게 할 수 있는' 물이 들어 있다며 한창 떠들고 있구나.

시장 입구에는 많은 사람의 관심을 끌지는 않지만 다른 지방에서 온

중세 동전의 앞면과 뒷면
16세기 영국의 동전으로 뒷면에 십자가가 새겨져 있다.

상인들에게 무척 중요한 곳이 있어. 작지만 아주 정교한 저울을 놓고 무게를 달아 돈을 바꿔 주는 곳이야. 오늘날처럼 수표를 쓰거나 은행으로 돈을 송금할 수 없었던 중세의 상인들은 많은 돈을 자루나 궤짝에 넣어 마차에 싣고 다니며 장사를 할 수밖에 없었어. 당시에는 주로 은전을 썼는데, 각 도시와 지방마다 쓰이는 돈이 달라서 새로운 곳에 가서 거래를 하려면 돈을 바꿔야 했지. 보통 은전의 한 면에는 그 지방을 다스리는 왕이나 귀족의 얼굴이 새겨져 있고, 반대편에는 십자가가 새겨져 있었어. 사람들은 거스름돈이 필요할 때면 이 십자가 모양에 따라 돈을 쪼개어 쓰곤 했지.

중세 도시, 시대의 변화를 이끌다

중세 유럽 세계에서 도시가 차지하는 면적은 얼마 되지 않았어. 하지만 시간이 지나면서 도시는 거대한 농촌 세계를 이끌 만큼 큰 힘을 가진 곳으로 발전해 갔지. 돈을 많이 번 도시 상인들이 군대까지 살 수

중세의 무기 제작 대포를 만드는 수공업자 길드의 모습이다.

있는 능력을 갖추자, 그들은 웬만한 귀족보다 더 힘 있는 존재가 되었어. 또 도시에서 쓰이는 돈이 농촌에서도 사용되면서 도시의 자유로운 정신도 함께 농촌으로 흘러들었어. 이렇게 도시의 생각이 농촌으로 퍼지고, 도시에서 만들어진 화약과 대포가 중세 기사의 갑옷을 쓸모없는 것으로 만들었을 때, 기사가 지배하던 중세는 막을 내리기 시작했단다. 도시 상인의 돈과 실력, 그리고 도시의 자유로운 정신은 환한 빛을 내며 '근대'라는 새로운 시대의 새벽을 알렸어.

하지만 귀족들이 힘으로 농민들을 복종시키던 낡은 질서가 무너지기까지는 오랜 세월이 걸렸어. 도시에서 상업과 수공업이 발달하는 동안 농촌 세계는 오히려 더욱 가난해졌고, 농민들은 말로 다 할 수 없는 고통을 겪어야 했지. 돌아보면 이런 어두운 시기는 새로운 역사를 준비하는 시기이기도 했어.

기울어 가는
중세 유럽의 위기

중세 유럽에 닥친 대재앙

상거래가 되살아나고 도시가 활기를 띠었던 12, 13세기와는 달리, 14세기에 들어서면서 유럽에는 여러 가지 불행이 닥쳤어. 몇 차례나 흉년이 들어 기근이 이어지고, 여기저기서 전쟁과 반란이 일어났지. 더욱 큰 불행은 당시 유럽 인구의 3분의 1을 죽음으로 몰아간 흑사병이었어. 1347년에 지중해 동부 해안을 여행하고 돌아온 시실리 선원들에게서 시작된 이 병은 곧 걷잡을 수 없이 전 유럽으로 퍼져 나갔어. 병의 전염성이 워낙 강한 데다 중세 도시의 환경도 비위생적이었기 때문이지.

이러한 엄청난 재앙을 겪으며 중세 유럽 사회는 점차 변화해 갔어. 인구가 줄어들자 일할 사람이 부족해졌고, 많은 땅이 버려졌지. 일손을 구하기가 어려워지자 영주들의 권력도 약해졌어. 영주들이 당장 필요한 일손을 구하는 과정에서 농노들의 지위가 높아지는 현

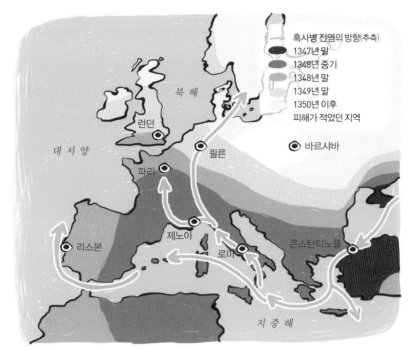

흑사병의 전파 지도

상도 벌어졌지. 그런가 하면, 죽음의 공포와 굶주림에 시달리던 농민들이 현실에 눈을 감은 채 미신의 세계로 빠져들기도 했고, 영주에게 대항하며 농민 반란을 일으키기도 했어. 결국 흑사병과 기근이 불러온 14, 15세기의 대재앙은 중세 유럽의 질서를 크게 뒤흔들어 놓았고, 나아가 새로운 근대 사회가 탄생하는 계기가 되었단다.

비위생적인 도시 환경

중세 도시는 매우 비위생적인 곳이었어. 집집마다 쓰레기를 창밖으로 던져 버렸기 때문에 도시 이곳저곳에는 쓰레기 더미가 쌓여 있었지. 까마귀나 솔개들이 몰려와 쓰레기 더미를 헤치고 먹이를 찾았고, 돼지며 소, 닭과 같은 가축도 아무렇게나 거리를 돌아다녔어. 그러니 도시 곳곳은 쓰레기와 동물의 배설물이 뒤섞여 구역질 나는 냄새를 풍겼고, 거리는 물론이고 사람들이 사는 집 안에도 쥐들이 들끓었지. 하수도 시설이 따로 없었기 때문에 사람들은 집 안에서 쓴 물을 그냥 거리에 쏟아붓곤 했어. 그러니 길은 늘 축축하고 지저분했지. 공기도 맑지 않았어. 동물의 털과 옷감을 손질하는 작업장에서 나온 먼지가 뿌옇게 날아다녔고, 겨울이면 석탄을 때느라 생긴 시커먼 연기와 숯검댕이 자욱하게 도시의 하늘을 채웠지.

농촌도 지저분하기는 도시와 다를 바 없었어. 개인위생 문제는 도시보다 더 심각했지. 당시 작가들이 남긴 기록을 보면 "농민들은 추하고 거칠고 더러워서 동물보다 나을 것이 없다." 또는 "농민에게서는 너무 고약한 냄새가 나서 악마도 잡아가지 않는다."라는 구절도 있을 정도야. 또 쥐 때문에 농사에도 피해가 심각했어. 쥐들이 밀밭을 휩쓸어 농사를 망치는 바람에 많은 사람이 굶어 죽는 일까지 벌어졌으니까.

유럽을 뒤흔든 흑사병

중세 유럽 사람들은 쥐 때문에 고통을 겪으면서도 쥐들이 무서운 질병을 옮긴다는 사실은 알지 못했어. 결국 1340년대 말, 쥐들이 옮긴 흑사병으로 유럽은 엄청난 혼돈에 빠져들게 되었지. 당시 유럽 사람 3명 중 1명은 흑사병으로 목숨을 잃었고, 중세 유럽의 질서는 회복할

〈죽음의 승리〉 피터 브뤼겔이 흑사병이 휩쓸고 지나간 중세 마을 풍경을 그린 작품이다. 수레에는 이미 해골이 가득하고 마을에는 시체가 널려 있다.

수 없을 정도로 헝클어져 버렸어.

흑사병이란 페스트를 가리키는 말이야. 이 병에 걸려 죽은 사람의 피부가 검게 변한다고 해서 흔히 흑사병이라고 부르지. 페스트는 쥐가 옮기는 대표적인 전염병으로, 박테리아에 감염된 쥐에 붙어살던 벼룩이 사람에게도 병균을 옮기는 거야. 페스트에 걸린 사람은 높은 열이 나고 온몸에 발진이 생기면서 앓다가 죽는다고 해. 전염성이 매우 강해서 환자의 가래에 섞여 나온 병균을 통해 주변 사람들도 쉽게 감염되는 병이지.

1346년 크리미아의 카파에서 처음 발병한 페스트는 삽시간에 유럽 전역으로 퍼졌어. 2년 만에 콘스탄티노플을 거쳐 이탈리아와 프랑스

흑사병 환자들 흑사병으로 죽어 가던 사람들은
신부에게 피부에 생긴 검은 반점을 보여 주며
기도를 부탁했다.

를 휩쓸었고, 다음 해에는 영국,
또 그 다음 해에는 독일과 폴란
드, 북쪽의 스칸디나비아 지역
까지 퍼졌어.

아직 의학이 발달하지 않았던
시절이니, 그 전에도 사람들은
수없이 많은 질병에 시달렸어.
물론 페스트도 여러 차례 돈 적
이 있었고. 하지만 이때처럼 많
은 인구가 한꺼번에 죽어 나간

적은 없었지. 이 시기의 유럽은 정말 참담했어. 마을에 병이 퍼져 사
람들이 죽어 간 뒤에 시체를 묻을 사람조차 없는 경우도 있었어. 어
떤 마을에서는 커다란 구덩이를 파고 페스트로 죽은 사람들의 시체
를 내다 버렸는데, 구덩이에는 500구도 넘는 벌거벗은 시체가 쌓였
다고 해. 좁은 지역에 많은 사람이 모여 사는 도시에서는 한층 피해
가 컸어. 좁은 거리에는 버려진 시체들이 나뒹굴었고, 교회의 종소
리는 시체를 실어 갈 수레가 온다는 것을 알렸어.

흑사병이 할퀴고 간 상처는 웬만한 전쟁이 남긴 피해보다 더 컸어.
당시에는 공식적인 인구 통계가 없었기 때문에 정확한 숫자는 알 수
없지만, 대략 유럽 인구의 3분의 1에서 절반가량이 흑사병으로 죽었
다고 알려졌어. 살아남은 이들 역시 가족과 이웃을 잃고 간신히 죽
음을 면한 터였기에 엄청난 절망과 슬픔에 시달려야 했지. 죽음의
공포를 이기지 못해 미쳐 버리는 사람도 많았어.

영주의 권력이 약해지다

흑사병은 중세 유럽의 질서에 많은 변화를 불러왔어. 특히 마을마다 농사지을 일손이 부족해 많은 농토가 버려졌지. 영주들은 일할 사람이 없는 농토는 아무 소용이 없다는 사실을 깨달았어. 영주들은 농노들을 구속하던 엄격한 법을 스스로 무시해서라도 자신의 땅에서 일할 사람을 구해야 했단다. 다른 영주보다 좋은 대접을 해 주겠다며 다른 장원의 농노들을 꾀어내기도 했고, 돈을 받고 농민들에게 땅을 빌려 주기도 했어. 그때껏 자신이 태어난 땅에서 떠날 수 없던 농민들은 새로운 마을을 찾아 떠나기도 했고, 1주일에 사흘 이상씩 영주의 땅에서 일하는 대신 돈을 바치기도 했어. 도시로 도망치는 농노도 많아졌어. 도시는 농촌보다 자유로웠고, 일을 한 만큼 대가를 받기도 쉬웠으니까.

자크리의 난 1358년 프랑스 북부 지방에서 일어났던 농민의 난. 농민들이 농기구로 무장한 채 세금을 올리고, 부역을 강요하는 귀족들을 공격하러 나서는 모습이다.

    이런 위기 속에서 중세의 질서는 무너지기 시작했어. 영주들은 더
이상 권력을 이용해 농민들이 더 좋은 조건을 찾아 떠나는 것을 막
고 강제로 일을 시킬 수 없었단다. 농민의 입장에서 보면 중세 내내
자신들을 얽어맸던 신분제의 사슬에서 풀려날 수 있는 기회를 얻은
거지. 하지만 영주들 역시 예전에 누리던 권리들을 쉽사리 포기하지
않았어. 영주들은 어떻게든 예전의 법에 따라 자신들의 권리를 되찾
아 농민들을 지배하고자 했지.

    한편 농민들도 이제 예전처럼 영주의 요구에 복종만 하지는 않았
어. 이 무렵 유럽 이곳저곳에서는 농민 반란이 일어났어. 1358년에는
프랑스에서, 1381년에는 영국에서 커다란 농민 반란이 일어났지. 반
란을 일으킨 농민들은 영주의 성으로 쳐들어가 옛날 법이 적힌 문서
들을 불태웠어. 반란의 지도자가 붙잡히면 장작더미 위에서 불에 태
워져 죽임을 당하기도 했지만, 농민들은 이제 수백 년 동안 그들을

와트 타일러의 난
1381년 영국에서
일어난 대규모의 농민
반란. 반란군을 이끌고
런던으로 쳐들어온 반란
지도자 와트 타일러를
왕의 기사들이 살해하고
있는 장면이다.

속박해 왔던 귀족들의 지배에 저항하기 시작했어. 역사의 큰 틀에서 보면 확고했던 봉건 영주의 권력이 흔들리기 시작한 시기였던 거지.

굶주리는 사람들

중세 유럽 사람들의 평균 수명은 30세를 넘지 못했을 거래. 40세쯤이면 장수한 노인이었고, 50세가 되면 '위대한 나이'라고 했다지. 당시에는 의학이 발달하지 않았기에 지금이라면 충분히 고칠 수 있는 병으로도 죽는 사람들이 많았어. 하지만 중세 유럽 사람들의 수명이 짧았던 더 중요한 이유는 따로 있어. 중세 사람들 대부분은 평생 동안 배불리 먹어 본 적이 한 번도 없을 정도로 늘 배고픔에 시달렸어. 그러니 사람들은 영양 부족으로 몸이 허약했고, 당연히 병에도 무척 잘 걸렸지.

중세 유럽은 식량이 무척 부족한 사회였어. 농사짓는 기술이 발달하지 않아서 1년 내내 농사를 지어도 밭에 뿌린 알곡의 두 배 정도를 거두어들이는 것이 고작이었지. 게다가 몇 년에 한 번씩은 어김없이 가뭄이나 홍수가 찾아와 농사를 망치곤 했어. 그때마다 많은 사람이 한꺼번에 굶어 죽는 일이 벌어졌어.

중세 말이 되자 기근은 더욱 자주 찾아왔어. 비료를 주지 않고 같은 땅에서 오랫동안 농사를 지은 결과로 농토의 영양분이 모두 빠져나가 곡식이 잘 여물지 않았기 때문이야. 몇 년씩이나 흉작이 계속되기도 했어. 특히 1314년부터 1317년까지 3년 동안은 유럽 전체에 큰 흉년이 들어 수많은 사람이 굶어 죽은 시기였어.

잦은 기근으로 중세 사람들의 삶은 갈수록 처참해졌어. 사람들은 야생동물과 새를 눈에 띄는 대로 잡아먹었고, 소처럼 들판의 풀을 뜯어먹기도 했어. 풀뿌리와 물풀까지 먹어 치웠고, 썩은 고기도 마다하지 않았지. 당시 프랑스의 마콩 지방 사람들은 찰흙과 비슷한 흰 흙을 밀가루에 섞어 빵을 만들어 먹기도 했대. 이렇게 손에 닿는 대로 먹다 보니 병에 걸리는 사람도 더욱 많아졌어. 기근 때 사람들을 괴롭혔던 질병 중에 '맥각병'이라는 것이 있어. 병균 때문에 낟알이 까맣게 변한 호밀을 먹으면 걸리는 병으로, 사람의 몸을 마비시키고 썩게 만드는 무서운 전염병이야. 배고픔에 시달린 사람들 중에는 끔찍한 일을 벌이는 이들도 있었어. 동화《헨젤과 그레텔》에 나오는 마녀처럼 과일이나 달걀로 아이들을 꼬여 외진 곳으로 데려가 잡아먹는 일이 벌어지기도 했지.

영양 부족으로 몸 생김새가 이상한 사람도 많았어. 16세기에 플랑드르에서 활동한 화가 브뤼겔은 중세 농민의 모습을 많이 그렸는데, 그의 그림에는 눈알이 없이 눈만 움푹 파인 장님, 또 곱사등이나 절름발이들이 가득 그려져 있어.

당시에는 비정상적인 행동을 하는 미치광이도 무척 흔했어. 사람들이 워낙 힘든 노동과 굶주림, 병에 시달리다 보니 정신 이상이 되기도 쉬웠던 거야. 그런가 하면, 많은 사람이 미신과 환각, 마법의 세계에 빠져들었어. 중세를 지배해 온 교회의 가르침을 버리고 새로운 구원자를 찾는 비밀 집회가 생겨나기도 했어. 현실의 고통을 잊기 위해서였지.

이렇게 중세 사회가 기근과 흑사병으로 타격을 입으면서 중세 사회를 지탱해 온 영주 권력과 교회 권력에 조금씩 금이 가기 시작했던 거야.

중세의 '마녀사냥'

'마녀' 하면 고깔모자를 쓴 채 빗자루를 타고 하늘을 날아다니는 모습을 떠올리는 사람이 많을 거야. 동화 속에는 쭈글쭈글한 얼굴에 툭 튀어나온 턱을 가진 마녀가 마법을 걸어 주인공을 괴롭히는 이야기가 자주 등장하지. 그런데 마녀는 정말로 존재했을까?

중세 말 유럽에서는 교회 당국과 관리들이 마녀를 잡아들여 화형에 처하는 일이 자주 벌어졌어. 당시 교회는 마녀가 실제로 존재하며, 악마와 손을 잡고 사람들에게 해를 끼친다고 주장했어. 1484년 교황 이노센트 8세는 사악한 마녀들을 잡아들여 종교 재판에 붙이라는 포고령을 내렸어. 그 뒤 200여 년 동안 유럽에서는 약 50만 명이나 되는 사람들이 마녀나 마법사라는 이유로 붙잡혀 처형당했어. '마녀사냥'에 걸려든 마녀들은 자신이 마녀임을 자백하고 장작더미 위에서 불에 타 죽어야 했어.

지금까지 전해지는 마녀들의 자백과 재판 기록을 보면 그들이 어떤 죄목으로 죽었는지 알 수 있어. 악마와 계약을 맺은 죄, 빗자루를 타고 하늘을 날아다닌 죄, 불법으로 악마가 벌이는 잔치에 참석한 죄, 악마에게 예배한 죄 등이야. 못된 짓을 해서 사람들을 괴롭힌 죄들도 적혀 있어. 우박을 불러온 죄, 농작물을 망친 죄, 이웃의 암소를 죽인 죄, 아이들을 유괴하여 잡아먹은 죄…….

정말 이런 일을 벌이는 마녀들이 있었던 걸까? 여기서 우리가 알아야 할 사실이 있어. 마녀들의 자백 기록은 대부분 수사를 맡은 관리들이 잡혀 온 사람들을 모질게 고문한 끝에 얻어 낸 내용이었다는 점이야. 마녀들이 악마와 약속하고 하늘을 날아 악마의 잔치에 갔다

왔다고 자백할 때까지, 또 악마의 잔치에 참석한 다른 사람의 이름을 댈 때까지, 고문은 며칠이고 계속되었어.

고문의 방법도 가지가지였어. 굶기거나 잠을 못 자게 하는 것은 물론, 불에 달군 낫을 박은 의자, 가시를 박은 신발, 바늘이 꽂힌 띠 등으로 가혹하게 고문을 했어. 잡혀 온 사람들로서는 차라리 고문을 덜 받고 빨리 죽는 편이 나을 정도였지. 당시 마녀들을 고문하는 광경을 직접 지켜보았던 메이파르트라는 사람은 고문이 얼마나 잔인했는지를 전하면서, 마녀들의 자백은 그가 정말 마녀인지를 증명하는 데 아무 도움이 되지 않는다고 했어.

마녀사냥 마녀로 몰려 잡혀 온 사람을 고문하는 장면(오른쪽)과 고문할 때 사용되었던 의자(왼쪽). 의자 바닥과 등받이, 팔걸이에 뾰족한 못이 박혀 있다.

마녀는 과연 누구였을까?

마녀로 몰려 잡혀 온 사람들은 대부분 가난하고 나이 든 여자였지만, 간혹 남자도 있었고 상류 계층 사람들도 있었어. 잡아들인 마녀를 고문해 같이 행동한 다른 사람의 이름을 자백하도록 했기 때문에 누구나 마녀로 지목될 가능성이 있었던 거야. 그렇다면 교회나 귀족 관리들은 왜 그토록 사람들을 마녀로 몰아 잡아들이는 데 열심이었을까?

전 유럽을 공포 분위기로 몰아넣었던 마녀사냥은 아직도 명확히 설명하기 어려울 만큼 역사적으로 특이한 사건이야. 하지만 이 현상이 중세의 위기와 큰 관련이 있다는 점만은 분명해. 중세 말, 기근과 질병에 시달리며 삶의 희망을 잃은 사람들은 점점 중세 교회와 귀족의 지배를 따르지 않았어. 크리스트교 신앙을 부정하고 새로운 구원자가 나타날 것을 기다리며 비밀 집회를 갖는 사람들이 생겨나는가 하면, 새로운 사상을 받아들인 이들은 지배 체제에 맞서 반란을 일으키기도 했어. 세금을 거두어 자기들의 배를 불리는 교회와 귀족들에게 분노한 농민들은 손도끼와 갈퀴, 칼 등으로 무장을 한 채 들고 일어났어. 그들은 이 마을 저 마을을 휩쓸며 교회와 귀족들의 재산을 빼앗고, 부패한 성직자들을 강물에 내던졌지.

15세기, 보헤미아에서는 교회를 비판하다가 화형에 처해진 얀 후스(1369~1415)를 따르는 이들이 농민 반란을 일으켰어. 또 1525년에는 독일에서 대규모 반란이 일어났어. 흔히 이 반란을 '독일 농민 전쟁'이라고 부르지. 당시 곳곳에서 일어난 농민 반란은 결국에는 모두 진압되었지만, 이런 움직임을 지켜본 왕과 귀족, 교회의 지도자들은 큰 위협을 느낄 수밖에 없었어.

그러자 중세의 지배층은 가난한 사람들이 겪는 모든 불행을 마녀에게 뒤집어씌우려 했어. 비싼 세금에 시달리는 농민들이 교황과 영주에게 불만을 갖는 대신 악마나 마녀를 미워하게 만들려 한 거야.

이제 사람들은 자기보다 더 불행한 이웃을 마녀로 의심하며 마녀 사냥이라는 해괴한 소동에 휩싸였지. 실은 지배자들이 자신의 이익을 위해 죄 없는 사람들을 마녀로 몰아 희생시켰던 거라고 할 수 있어. 결국 마녀사냥은 중세 말 농민들의 고통스러운 현실, 그 현실에서 도망치고자 하는 욕구, 또 지배 체제에 대한 불만, 그리고 이런 상황에서 지배층이 느낀 불안감이 한데 어우러져 만들어 낸 사건이었던 셈이야.

후스의 화형
보헤미아의 성직자 얀 후스의 화형 장면. 후스는 교회를 비판하다 이단으로 몰려 화형당했다.

중세의 막이 내리다

중세 말, 유럽 사람들이 짊어져야 하는 고통의 무게는 이렇게 무거웠어. 세계를 뒤덮은 어두운 구름이 너무나 두꺼워서 희망의 빛이 뚫고 들어올 틈이 없어 보였지. 하지만 이런 절망 속에서도 사람들은 자신의 불행을 털어 낼 수 있는 희망의 빛을 찾아 나갔어. 새로운 질서를 꿈꾸고, 사람들에게 불행을 가져다주는 잘못된 제도에는 맞서 싸웠지. 그리고 얼마 뒤, 유럽인들은 중세의 낡은 제도가 무너져 내리며 어두운 구름이 걷히는 굉장한 소리를 듣게 되었어. 사람들은 중세의 교회법과 신분 제도의 틀에서 벗어나 새로운 눈으로 세계를 보았고, 다양한 방식으로 그것을 표현했으며, 또 잘못된 것들을 고쳐 나갔어.

근대 초에 펼쳐졌던 르네상스와 종교 개혁, 시민 혁명의 역사가 바로 그런 것들이었어. 이 시대는 낡은 틀이 무너져 내리는 시기이기도 했고, 새로운 질서가 세워지는 시기이기도 했어. 이 시기의 역사를 보면 고통을 이기고 스스로 세상을 바꾸어 나가는 인간의 위대함을 느낄 수 있단다.

하멜른의 피리 부는 사나이

독일 북부 하노버 근처에는 하멜른이라는 작은 도시가 있어. 이 하멜른은 '피리 부는 사나이'에 대한 이야기로 널리 알려져 있어. 동화 속 이야기로만 알고 있는 사람이 많지만, 실제로 그와 비슷한 사건이 있었던 데서 유래된 이야기라고 해. 그럼, 어떤 이야기인지 살펴볼까?

지금부터 약 700년 전, 중세의 여느 도시처럼 활기가 넘치던 하멜른에 어느 날부터인가 쥐들이 들끓기 시작했어. 몸집이 커지고 사나워진 쥐들은 개들과 싸우는가 하면 고양이를 물어 죽였어. 그뿐만 아니라 아기가 자는 침대에 들어가 아기를 물기도 했지.

온 도시를 휘젓고 다니는 쥐들을 견디다 못한 하멜른 사람들은 시청으로 몰려갔어. 성이 난 시민들은 시장을 향해 어떻게든 대책을 마련해 내라고 외쳤어. 하지만 시장인들 별다른 수를 낼 수 없었지. 시장은 어서 쥐를 없애 달라고 아우성을 치는 시민들 앞에서 그저 한숨만 내쉬었어.

그런데 그때, 한 사나이가 시장 앞에 나섰어.

하멜른의 피리 부는 사나이
19세기 영국 동화책의 삽화.

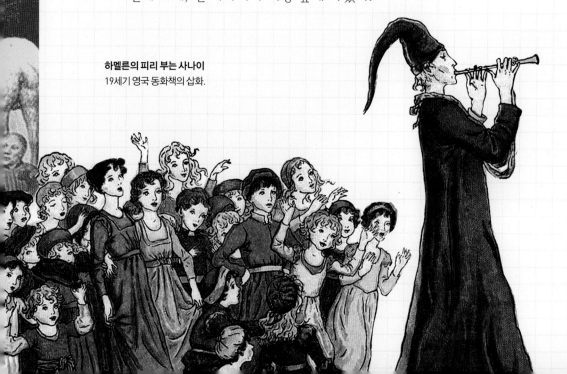

알록달록한 옷을 입은 그는 피리 하나를 지니고 있었지.

"저는 이 피리로 이상한 소리를 내어 이 도시의 쥐들을 없앨 수 있습니다. 저는 다른 곳에서도 피리 소리로 독사나 박쥐를 없애 준 적이 있지요. 저에게 1000길더를 주신다면 이 도시에서 쥐를 말끔히 없애 드리겠습니다."

그러자 흥분한 시장과 시 의회 의원들은 그에게 쥐들을 없애만 준다면 5만 길더라도 주겠다고 했어.

사나이는 곧 거리로 나가 피리를 불기 시작했어. 가늘고 긴 피리 소리가 온 도시에 울려 퍼지자, 믿을 수 없는 일이 벌어졌어. 도시의 쥐들이 모조리 거리로 쏟아져 나와 사나이의 뒤를 따르는 거였어! 사나이는 도시 곳곳을 지나 베제르 강에 다다랐어. 사나이의 피리 소리에 이끌린 쥐들은 모두 강물 속으로 첨벙첨벙 뛰어들었고, 그대로 죽어 버렸지.

이제 도시에는 쥐 그림자 하나도 남지 않았어. 피리 부는 사나이는 다시 시장을 찾아가 약속대로 1000길더를 달라고 했지. 이 말을 들은 시장의 얼굴은 딱딱하게 굳어졌어. 쥐를 없애 주면 5만 길더라도 줄 수 있다고 큰소리를 쳤지만, 사실 1000길더도 엄청나게 큰돈이었거든. 시장은 강물에 빠져 죽은 쥐들이 다시 살아 돌아올 수는 없는 일이라고 생각하고 피리 부는 사나이에게 말했어.

"그 1000길더를 주겠다는 이야기는 농담이었소. 여기 50길더가 있으니 받아 가시오."

피리 부는 사나이는 고개를 떨구고 눈물을 흘리는가 싶더니 다시 거리로 나갔어. 그는 다시 피리를 불었지. 그러자 이번에는 도시의 아이들이 몰려나와 사나이의 뒤를 따르기 시작했어. 아이들의 긴 행렬은 산을 향해 나아갔어. 산속에는 이들을 기다리고 있었다는 듯 커다란 동굴이 입을 벌리고 있었지. 사나이는 아이들을 이끌고 동굴 속으로 들어갔어. 아이들이 모두 들어간 뒤 동굴의 문은 닫혔고, 그 뒤 아이들은 다시는 돌아오지 않았다는구나.

찾아보기

아하! 서양사 1

인류의 출현부터 중세 유럽의 탄생까지

1판 1쇄 발행일 2013년 1월 7일
1판 5쇄 발행일 2023년 1월 30일

지은이 박경옥

발행인 김학원
발행처 (주)휴머니스트출판그룹
출판등록 제313-2007-000007호(2007년 1월 5일)
주소 (03991) 서울시 마포구 동교로23길 76(연남동)
전화 02-335-4422 **팩스** 02-334-3427
저자·독자 서비스 humanist@humanistbooks.com
홈페이지 www.humanistbooks.com
유튜브 youtube.com/user/humanistma **포스트** post.naver.com/hmcv
페이스북 facebook.com/hmcv2001 **인스타그램** @humanist_insta

편집주간 황서현 **편집** 정미영 **디자인** 김태형 유주현 이소영 **지도·일러스트** 홍소희
사진 제공 위키피디아 셔터스톡 오마이뉴스 독일국제문서기록보관소
용지 화인페이퍼 **인쇄·제본** 정민문화사

ⓒ 박경옥, 2013

ISBN 978-89-5862-574-2 04900
ISBN 978-89-5862-576-6 04900 (세트)